CHRÉTIENS

ET

HOMMES CÉLÈBRES

AU XIXe SIÈCLE

PAR

L'ABBÉ A. BARAUD

OUVRAGE HONORÉ DES ENCOURAGEMENTS DE PLUSIEURS ÉVÊQUES
ET LITTÉRATEURS DISTINGUÉS

PREMIÈME SÉRIE

TOURS

ALFRED MAME ET FILS

ÉDITEURS

CHRÉTIENS

ET

HOMMES CÉLÈBRES

AU XIX° SIÈCLE

3ᵉ SÉRIE IN-8°

Watteau. (Statue de Carpeaux.)

CHRÉTIENS

ET

HOMMES CÉLÈBRES

AU XIXe SIÈCLE

PAR

L'ABBÉ A. BARAUD

OUVRAGE HONORÉ DES ENCOURAGEMENTS DE PLUSIEURS ÉVÊQUES
ET LITTÉRATEURS DISTINGUÉS

PREMIÈRE SÉRIE

TOURS

ALFRED MAME ET FILS, ÉDITEURS

—

M DCCC XCII

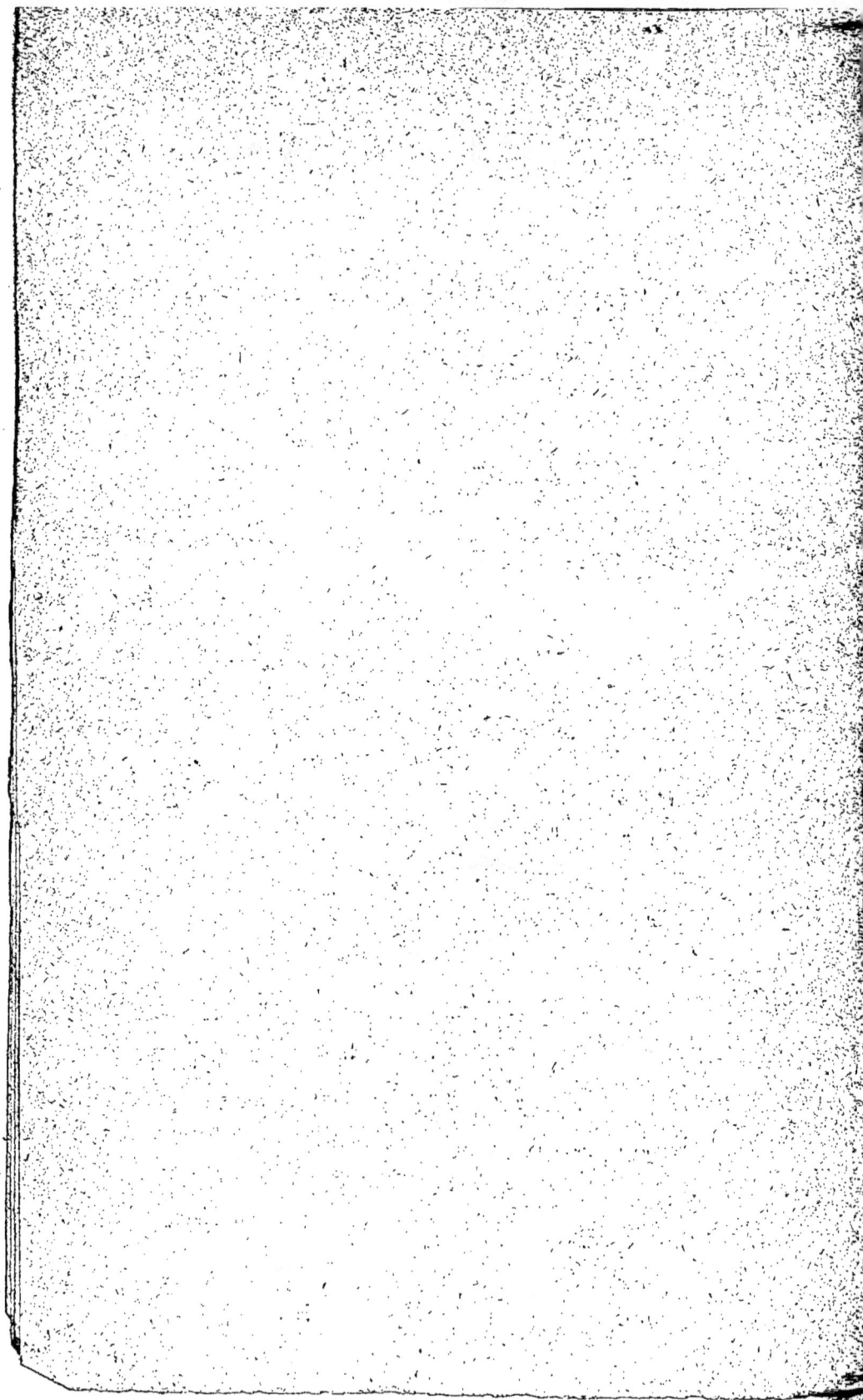

APPROBATIONS

ET APPRÉCIATIONS

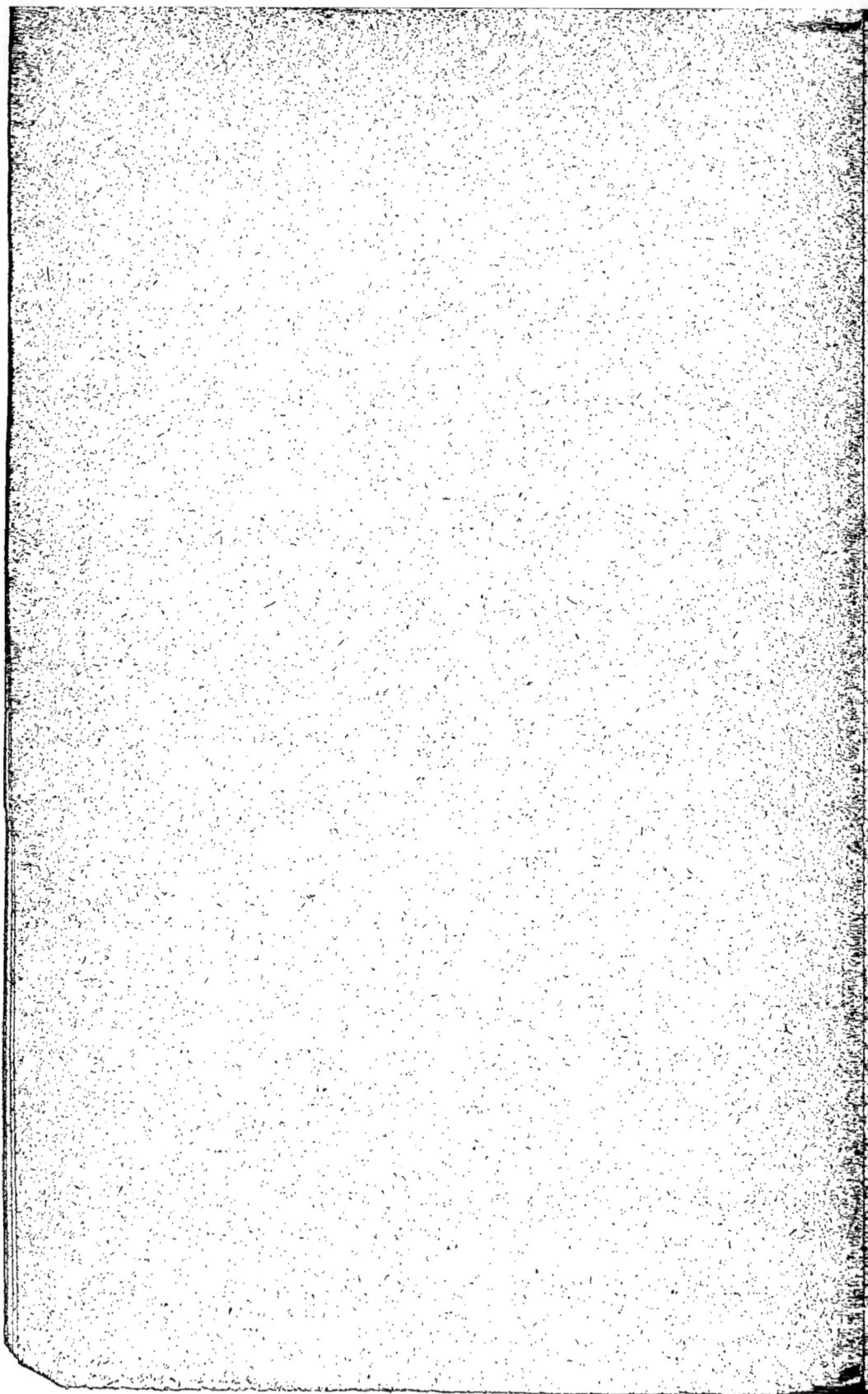

APPROBATIONS ET APPRECIATIONS

ÉVÊCHÉ DE LUÇON

MONSIEUR ET CHER CURÉ,

Votre ouvrage : *Chrétiens et hommes célèbres du XIXe siècle*, est une œuvre d'apologiste dont je vous félicite.

En vous lisant, les chrétiens convaincus verront avec une sainte joie des cœurs d'élite, des esprits supérieurs, apporter à nos croyances l'hommage de la science et de la vertu, et ceux que l'incrédulité a plus ou moins atteints reconnaîtront combien est absurde le préjugé, toujours si répandu, que la *foi* et la *raison* sont incompatibles; ils apprendront que si les âmes médiocres refusent de soumettre à l'enseignement divin leur intelligence orgueilleuse, les âmes les plus nobles prouvent, au contraire, par leurs convictions et par leur vie, qu'il est souverainement raisonnable de croire.

Veuillez agréer,

† CLOVIS,
Évêque de Luçon.

ÉVÊCHÉ DE NANTES

MONSIEUR LE CURÉ,

Je suis heureux de vous dire, après votre vénérable évêque, combien votre livre intitulé : *Chrétiens et hommes célèbres*, m'a paru intéressant et opportun.

On a dit très haut dans une certaine école, et l'on ne cesse de le répéter de nos jours : La Foi, avec ses dogmes inflexibles et immuables, est par nature hostile à tout progrès; elle captive l'esprit et redoute le mouvement des idées; elle voudrait emprisonner la science et couper les ailes du génie lui-même. Quant

1ᵗ

aux pratiques religieuses que le christianisme préconise ou impose, ce ne sont que de mystiques puérilités, sans aucune influence sérieuse sur la direction de la vie, bonnes tout au plus à servir d'aliment à l'imagination naïve des enfants ou à la sensibilité maladive d'un certain nombre de femmes plus ou moins exaltées.

A ces indignes calomnies et à ces blasphèmes, votre livre, monsieur le Curé, répond non par de longues discussions ni par de longs raisonnements; mais, ce qui vaut beaucoup mieux, par des faits empruntés à l'histoire contemporaine, faits notoires et incontestables.

Ce genre d'apologie simple et lumineux est parfaitement approprié aux besoins de l'heure présente.

Vous avez donc lieu d'espérer, monsieur le Curé, que votre travail fera du bien. Puisse-t-il contribuer, pour une large part, à dissiper tant de funestes préjugés, à fortifier dans leurs convictions ceux qui ont le bonheur de croire, et à préserver d'une chute définitive ceux qui, trop nombreux, hélas! parmi nous, ont déjà senti passer sur leur âme le souffle mauvais du scepticisme et de l'incrédulité.

Agréez, avec mes félicitations, l'assurance...

† JULES,
Évêque de Nantes.

ÉVÊCHÉ DE LUÇON

Cher monsieur le Curé,

Les premières pages de votre ouvrage, que j'ai lues avec une sérieuse attention, m'ont vivement impressionné; j'aurais voulu avoir le loisir de le lire d'un seul trait, tant elles ont captivé mon esprit et mon cœur.

J'ose espérer qu'elles feront du bien à tous vos lecteurs, comme elles m'en ont fait à moi-même.

Bien respectueusement tout vôtre,

M. GARREAU,
Vicaire général.

INSTITUTION RICHELIEU, LUÇON (VENDÉE)

Monsieur le Curé et cher ami,

Vos notices m'ont, en général, vivement impressionné, surtout celles dont les héros sont des personnages tout à fait historiques, comme Alexandre Ier, Ampère, Baudin, etc.

C'est d'ailleurs une excellente pensée de présenter l'influence et l'action du catholicisme dans la vie et la mort des hommes célèbres, grands par l'intelligence, par le cœur et par la situation. Sur un grand nombre d'âmes, ce sera la meilleure des instructions et l'excitation la plus puissante à la pratique des devoirs religieux.

La veine que vous exploitez est d'ailleurs très riche et presque inépuisable.

P. PRUNIER,
Supérieur.

Paris, 18 janvier.

Monsieur le Curé,

Je ne saurais trop vous féliciter de travailler d'une façon si utile pour l'Église. Les apologistes nous font défaut. Vos biographies des *Hommes célèbres du XIXe siècle* seront les bienvenues.

Très rares sont les personnages de marque qui, de nos jours, ont mal fini. Au milieu de nos tristesses, c'est pourtant une bien grande joie pour moi de savoir que des prêtres comme vous travaillent en ce sens. De tels exemples nous consolent et nous fortifient.

Veuillez...

Oscar HAVARD,
Rédacteur au *Monde.*

Paris...

Cher monsieur le Curé,

A peine arrivé au terme des pages de votre manuscrit : *Chrétiens et hommes célèbres,* que vous avez bien voulu me confier ; encore sous le charme du puissant intérêt qui se dégage d'entre ces feuilles pleines de cœur et de raison, d'humilité et de grandeur, de vaillance et de simplicité, d'ardente foi, de sublime patriotisme, je me permets de venir joindre ma modeste obole de félicitation et d'admiration à celles que d'autres, mieux placés sur le chemin du paradis ou des grandeurs humaines, vous ont déjà apportées.

Combien je vous admire d'avoir entrepris ce travail gigantesque, monument plus difficile à ériger que la tour Eiffel, mais aussi mille fois plus durable, puisqu'il sort de votre plume, cette fidèle chose, et a pour point d'appui les pages de l'histoire, tandis que l'autre, colosse de fer, a ses pieds dans l'argile !

Les choses meurent, non l'histoire.

On a dit, — mais que ne dit-on pas ! — on a dit que dans notre siècle athée les femmes, suivant le mouvement donné par l'orgueil de l'époux, avaient déjà remplacé leur confesseur par leur médecin. Quelle erreur ! et combien peu connaissent le monde ceux qui parlent ainsi !

Certes, dans les grands centres, au milieu des grosses agglomérations, à Paris surtout, ces choses-là peuvent être ;... mais dans quel milieu, Seigneur ! et combien de larmes de sang seront versées par ces dévoyées ! — Madeleine n'est-elle pas la vivante imagé de l'erreur d'un moment et du repentir éternel ?

Je suis beaucoup de l'avis de ceux qui n'ont pas foi en ce qu'on appelle l'athéisme pur et simple. Quelque féroce, quelque révoltée qu'elle soit, la faible humanité a toujours eu une croyance quelconque. A mon avis, l'athée étant un mythe, il ne reste en présence aujourd'hui sur la terre de France que des bons et des mauvais, c'est-à-dire deux grandes familles, personnifiées par le catholicisme et la franc-maçonnerie.

Pardon de cette longue parenthèse, cher monsieur le Curé, et veuillez ne pas m'en vouloir trop fort de l'avoir ouverte ; elle me semblait nécessaire, non pour verser un trop-plein de fiel que personne, j'en suis certain, n'y découvrira, mais pour faire œuvre de peintre, embrassant un fond obscur sur lequel votre puissant et charmant livre *Chrétiens et hommes célèbres* doit se détacher lumineux.

Vous avez fait là, cher monsieur le Curé, la construction du plus merveilleux *Panthéon* qu'un catholique puisse rêver. Panthéon sur le fronton duquel peut se lire, sans y être inscrit, ce seul mot : *Devoir!* parce qu'à lui seul il réunit tous les autres mots : croyance, espérance, famille, patrie, orgueil bien placé, humilité saine, soif du bien, horreur du mal, amour pour Dieu et pour nos semblables, charité. — C'est de la fatuité, je le veux bien ; mais, en conscience, croyez-vous qu'il soit une autre seule terre au monde, en dehors de notre beau pays de France, qui puisse fournir à vos souvenirs et à vos recherches une telle somme de héros chrétiens ?

Ni l'auteur du *Génie du Christianisme*, Chateaubriand ; ni M. de

Lescure, qui a fait le *Panthéon des grands hommes*, n'ont eu la simple mais sublime idée, comme vous, d'exhumer les portraits de ceux qui dans leur siècle s'étaient fait un nom, tout en gardant l'amour du divin Maître.

« Très rares sont les personnages de marque qui, de nos jours, ont mal fini, » vous disait dans sa lettre M. Oscar Havard. C'est vrai, très vrai, et cependant cette pensée me semble restreinte. Il est plus consolant et plus juste de dire : « Très rares sont les personnages de marque qui, de tout temps, ont mal fini. » Constantin fut vaincu par la croix; Witikind, par le roi très chrétien Charlemagne; Clovis, par la prière d'une pauvre petite reine. Pas une seule des pages de l'histoire ne manque d'un de ces exemples.

Pourtant, pour entreprendre l'édification de cette œuvre de vérité, il vous fallait la ténacité des forts, et aussi, — ne prenez pas cela pour une raillerie, — la patience d'un pêcheur à la ligne.

Comment, tout au fin fond de votre Vendée, avez-vous réussi à rassembler la montagne de documents-matériaux qu'il vous fallait? Je l'ignore. Par quel prodige de patience constante, vous, modeste architecte de ce beau temple de mémoire, avez-vous réussi ce qu'à Paris un autre n'eût pu faire?

Je ne sais encore. Combien cela vous demanda-t-il de temps, de labeurs pénibles, de longues veilles? Je ne sais toujours pas, et vous seul pouvez le dire.

Mais le temple est fait.

Humble serviteur de Jésus, ce livre est destiné à faire, dans la moyenne de vos forces débiles, ce que le Sauveur fit dans toute la splendeur de son abnégation divine.

Le résumé de ces réflexions est celui-ci : *Chrétiens et hommes célèbres* est un ouvrage de haute portée et d'une valeur sincère. Il est destiné à émotionner, à raffermir les bons, à étonner et peut-être même à ramener beaucoup de mauvais. En tout cas, il sera le salut certain des pauvres esprits qui hésitent, leur vie durant, sur la voie qu'ils auront à choisir. — C'est là tout le mal que je leur souhaite.

Pour vous, cher monsieur le Curé, veuillez agréer l'hommage de ma sincère et respectueuse admiration.

PAUL FÉVAL.

Dimanche de la Passion, 23 mars 1890.

AU LECTEUR

« La nature ne suffit pas aux grands esprits,
a dit Ozanam, ils s'y trouvent trop à l'étroit : »
il leur faut la religion, avec ses horizons infinis.

Cette pensée résume l'œuvre que nous venons
offrir aux croyants et aux incroyants. On y trouvera le récit des faits intimes et des magnifiques
affirmations de la vérité que la science et la foi
ont produits dans la vie et la mort des plus beaux
esprits, la gloire de ce XIXe siècle.

Cherchant la vérité ou le bonheur par l'étude
et le travail, ces hommes distingués sont arrivés,
tôt ou tard, à connaître l'une et l'autre, et à pro-
clamer l'heureux résultat de leurs recherches dans
les belles paroles qui sont souvent les épigraphes
de ces notices, et où ils ont, en quelque sorte,
condensé leurs convictions religieuses et la joie
si profonde de les posséder.

C'est ce qu'exprimait si bien, sur la fin de sa vie, un savant jurisconsulte, M. Troplong : « Après avoir beaucoup lu, beaucoup étudié et beaucoup vécu, quand approche le moment de la mort, on reconnaît que c'est la seule chose vraie. »

Si le spectacle de l'Église a frappé à ce point même les hommes parfois les plus mal disposés envers elle, c'est qu'ils ont reconnu que, dans notre société tourmentée, elle seule inspire le respect de l'autorité et le devoir de l'obéissance; seule elle possède la vérité, but suprême des aspirations de l'âme. Ils ont compris que l'heure de prendre un parti est venue, que Dieu a de nouveau prévenu Noé. Il va falloir être avec les hommes dans le déluge, ou avec l'Homme-Dieu dans l'arche[1].

Aussi ces pages seront-elles, nous l'espérons, une force et une consolation pour les âmes croyantes.

En ce temps où le matérialisme s'est réfugié dans la science, où l'on ne cesse de répéter dans un certain monde que la foi est l'apanage des ignorants, les catholiques sont fiers de se retrouver dans la société des esprits intelligents et savants de leur époque, et de marcher avec eux vers les destinées éternelles.

Quelle joie profonde, pour le chrétien qui aime vraiment sa religion et la pratique fidèlement,

---

[1] Alexandre Dumas.

de la voir également aimée et pratiquée par ces savants dont l'orgueilleux xixe siècle cherche à s'entourer lorsqu'il les soupçonne incrédules ou indifférents, et que trop souvent il se hâte de répudier quand il les sait croyants et religieux ! Quel bonheur enfin d'admirer dans ces illustres convertis l'accord parfait de la raison et de la foi, que l'impiété a longtemps regardé comme impossible !

C'est la démonstration vivante et pratique de cette doctrine qu'a définie le concile du Vatican.

« Il ne peut jamais y avoir de véritable désaccord entre la foi et la raison ; car c'est le même Dieu qui révèle les mystères et communique la foi, qui a répandu dans l'esprit humain la lumière de la raison ; et Dieu ne peut se nier lui-même, ni le vrai contredire jamais. » (*Constitutio de fide catholica.*)

C'est ce qu'affirmait un illustre philosophe du siècle dernier :

« Comme la raison est un don de Dieu aussi bien que la foi, leur combat ferait combattre Dieu contre Dieu[1]. »

S'il est vrai que la religion catholique doit s'attrister de l'apostasie officielle de tous les gouvernements qui prétendent vivre en dehors de son influence, elle éprouve de vives consolations en

[1] Leibnitz, *Théodicée.*

voyant que, chaque jour, de nombreuses et éclatantes conversions viennent attester la puissance de sa divinité.

A aucune époque peut-être le mouvement religieux au sein des nations hérétiques ne fut plus actif et plus sincère que de nos jours; et, chez les peuples catholiques, tout ce qui est grand et noble participe de la religion de Jésus-Christ, selon cette parole de Joseph de Maistre: « Mère immortelle de la science et de la sainteté, les grands hommes t'appartiennent : *magna virum...* »

Elle est le centre commun où se réunissent, au-dessus des agitations de la politique et des affaires, toutes les idées de justice, de charité, de liberté, qui dans ce monde composent la dignité de l'homme et la vie des sociétés. « Elle est la tradition de tout ce qui est beau, grand et bon à travers l'avilissement et l'iniquité des siècles, la voix éternelle qui répond à la vertu dans sa langue, l'appel du présent à l'avenir, et de la terre au ciel[1]. »

Ces pages seront également une lumière et un encouragement pour les âmes victimes de l'indifférence et du doute.

Quand on aura lu cet ouvrage, on aura entendu tous les principaux oracles de la science moderne; on saura ce qu'ils pensaient et ce

---

[1] Benjamin Constant.

qu'ils croyaient de la religion de Jésus-Christ.

Et comme les malades pour lesquels nous avons écrit ces pages le sont à divers degrés, chacun d'eux trouvera dans la vie de quelques-uns de ces hommes éminents une situation d'esprit analogue à la sienne; il comprendra comment telle ou telle objection est tombée devant telle vérité, saisie par des intelligences d'un génie souvent fort différent, et il sera facile à chacun de trouver ici le remède approprié à ses besoins.

Et si, après cette lecture attentive, après quelques réflexions sur les faits qui l'ont frappé davantage, le lecteur demeure indifférent ou incrédule, il sera nécessaire d'avouer qu'on ferme volontairement les yeux à la lumière. Car rien n'a jamais été dit d'aussi concluant et d'aussi persuasif par des hommes d'une telle autorité au regard de la science et du monde, demeurés quelquefois eux-mêmes indifférents toute une partie de leur vie.

A tel point qu'un grand nombre a pu dire comme saint Augustin après sa conversion : « O beauté ancienne et toujours nouvelle, c'est bien tard que je vous ai connue, bien tard que je vous ai aimée ! »

Nous sommes convaincu que le lecteur n'achèvera pas la lecture de ces récits sans admirer l'étonnant travail de Dieu dans ces esprits d'élite, et sans comprendre qu'à leur exemple il doit à Dieu sa vie tout entière : la vie de son esprit, de son cœur, de sa conscience consacrée au service du vrai et du bien par la pratique du culte catholique; car, selon la remarque du chancelier d'Aguesseau :

« Quiconque aura bien médité toutes ces preuves trouvera qu'il est non seulement plus sûr, mais plus facile de croire que de ne croire pas; et je rends grâces à Dieu d'avoir bien voulu que la plus importante de toutes les vérités fût aussi la plus certaine, et qu'il ne fût pas plus possible de douter de la vérité de la religion chrétienne qu'il l'est de douter s'il y a eu un César ou un Alexandre [1]. »

A. Baraud.

[1] *Études propres à former un magistrat.*

CHRÉTIENS

ET

HOMMES CÉLÈBRES

AU XIXᵉ SIÈCLE

ALEXANDRE Iᵉʳ

EMPEREUR DE RUSSIE

(1777-1825)

> « Si cela est nécessaire, je serai
> martyr. »   (ALEXANDRE Iᵉʳ.)

L'Église catholique a le droit d'inscrire le nom de ce prince au catalogue des hommes illlustres de cette époque qui ont embrassé ses croyances, car des travaux récents ont prouvé qu'il est mort catholique[1].

Alexandre Iᵉʳ, né à Saint-Pétersboug en 1777, fils de Paul Iᵉʳ et de Marie Fédérowa, princesse de Wurtemberg, reçut de son aïeule Catherine II un

---

[1] Voir les *Nationalités slaves,* par le comte Xavier Branicki; les *Archives russes et la conversion d'Alexandre Iᵉʳ,* et une excellente Étude du R. P. Gagarin, dans les *Études religieuses,* 1877.

gouverneur, le comte Nicolas Soltikoff, lequel confia
au colonel César de Laharpe, du pays de Vaud, le
soin de son instruction. A vingt-quatre ans, il devait
prendre la couronne après la catastrophe qui précipita son père du trône. Élevé dans les idées philosophiques du XVIIIᵉ siècle par le Suisse Laharpe, qui
occupait un grade élevé dans les sociétés secrètes,
Alexandre, jusqu'en 1812, était plutôt un incrédule
qu'un croyant.

Les idées en vogue à la cour de Russie tendaient
à anéantir toute religion : « Jusque-là, dit J. de
Maistre, on avait prêché à la cour. Bientôt les sermons furent supprimés. Les prélats étaient invités
à la cour, ils ne le sont plus. En un mot, il y a une
tendance universelle pour anéantir l'empire de la
religion (1808). »

Ce n'est pas là ce que voulait Alexandre.

A dater de cette époque (1812), les événements
et le travail de son esprit semblent concourir à
l'amener au catholicisme.

Écoutons-le dans ses entretiens avec Eylert, en
1818 :

« Je sentais le vide dans mon âme, et un vague
pressentiment m'accompagnait. J'allais, je venais,
je me donnais des distractions. A la fin l'incendie
de Moscou a éclairé mon âme, et le jugement de
Dieu, qui s'est manifesté si terrible sur les champs
de bataille, a rempli mon cœur de la foi la plus vive
et d'une ferveur plus grande que jamais. Ce n'est
qu'alors que j'ai appris à connaître Dieu tel que
l'Écriture sainte nous l'a révélé, à écouter sa volonté

et sa loi ; et, dès ce moment, la résolution de ne
consacrer qu'à lui, à sa gloire, ma personne et mon
règne mûrit et se fortifia en moi... Ce n'est que
depuis que le christianisme est devenu pour moi
important par-dessus toutes choses, depuis que la
foi dans le Rédempteur a manifesté en moi sa force,
que sa paix, — et j'en rends grâces à Dieu, — est
rentrée dans mon âme... Ah ! je n'en suis pas arrivé
là d'un trait, croyez-moi : le chemin qui m'y a
conduit allait à travers bien des luttes, bien des
doutes. »

Ce qui semble avoir tourné d'abord son âme vers
Dieu fut l'anéantissement de l'immense armée de
Napoléon Ier en Russie : « Après avoir vu la grande
armée de Bonaparte, dit le P. Gagarin, se fondre
au milieu des neiges d'un hiver exceptionnel, et le
Titan du siècle vaincu non pas par ses adversaires,
mais par la température et des fautes que le grand
guerrier devait commettre moins que tout autre ;
après être entré triomphalement dans Paris à la
tête des rois coalisés ; après avoir vu la Russie par-
venue subitement au sommet d'une gloire inatten-
due, Alexandre reconnut dans tous ces événements extraordinaires la volonté d'une Providence
dont les hommes, si grands qu'ils soient, ne sont
que les jouets impuissants. »

On retrouve les premiers pas de l'empereur vers
Dieu dans ces paroles que la princesse Mertchersky,
confidente d'Alexandre, attribue à ce prince comme
l'expression de ses nouveaux sentiments :

« Je me regardai moi-même, dit-il, comme un enfant. Chaque fois que j'étais appelé à surmonter une nouvelle difficulté, à prendre une décision, à résoudre une question embarrassante, je saisissais le premier moment favorable pour me jeter aux pieds de mon Père qui est dans les cieux, et après m'être recueilli quelques instants, je l'invoquais du fond de mon cœur; puis tout se calmait, se décidait, s'exécutait merveilleusement; toutes les difficultés fuyaient devant le Seigneur, qui marchait devant moi.

« Je lisais sans cesse et relisais sa parole.

« Un jour, je m'en souviens, comme j'étais entré dans une petite ville sur les frontières de la France, je m'étais mis à lire dans le *Nouveau Testament* ce qui est dit sur l'eunuque de la reine Candace et sur la lecture qu'il fit du prophète Isaïe, et je désirais, comme lui, de trouver quelqu'un qui m'expliquât ce que je lisais. Je pensais en moi-même : Oh ! si Dieu m'envoyait maintenant l'un de ses serviteurs pour m'enseigner à bien comprendre sa sainte volonté ! »

Telles sont les propres paroles de l'empereur Alexandre.

« Nous admirerons, dit le P. Gagarin, comment l'empereur a su trouver dans l'Écriture la preuve de son insuffisance et la nécessité d'un interprète parlant au nom de Dieu. Il n'a pas cessé de chercher cet interprète, et il a fini par le trouver. Si l'on y regarde de près, on voit, dans cette nécessité reconnue d'un interprète expliquant la Bible avec autorité, la condamnation de l'hérésie protestante ou autre, et le germe de la foi catholique.

En 1822, l'empereur Alexandre part pour Vérone. En passant par Vienne, il voulut y voir l'abbé prince de Hohenlohe, curé et chanoine de Grandvardin, qui raconte en ces termes leur entrevue :

« Au mois de septembre 1822, S. M. l'empereur Alexandre arriva de Russie à Vienne. Ce fut le 21 septembre, à 7 heures et demie du soir, que je devais me trouver dans le palais impérial, pour être admis à l'audience de Sa Majesté. Ce jour restera pour moi un des plus mémorables de ma vie. Je lui parlai en français, ainsi qu'il suit : « Sire, la Providence divine, ayant placé Votre Majesté au poste le plus éminent, en exigera aussi beaucoup, la responsabilité des princes étant grande devant Dieu. Il a choisi Votre Majesté comme un instrument pour donner le repos et la paix aux peuples de l'Europe; Votre Majesté a répondu de même aux desseins de la Providence d'exalter le triomphe de la croix, et de relever, par une volonté efficace, la religion de l'humiliation où elle gémissait. Je compte ce jour, où j'ai le bonheur de témoigner ma profonde vénération pour Votre Majesté, entre les jours les plus heureux de ma vie. Que Dieu vous fortifie de sa grâce, et que son saint ange vous protège! voilà ce qui sera dorénavant le sujet de mon humble prière. »

« Après une pause pendant laquelle ce souverain me regarda fixement, il se mit à genoux, me *deman-*

dant ma bénédiction sacerdotale. Il me serait impossible d'exprimer les sentiments dont mon cœur fut pénétré pour lors ; tout ce que je pouvais proférer dans ce moment, de la plénitude d'un cœur rempli de foi, furent ces paroles : « Je souffre, Sire, qu'un si grand monarque s'humilie jusqu'à ce point ; car ce n'est pas à moi, Sire, que Votre Majesté témoigne sa vénération, c'est au Seigneur tout-puissant que je sers et qui vous a sauvé, Sire, ainsi que nous tous, par son sang précieux. Que Dieu vous bénisse de la rosée de la grâce céleste ; qu'il soit votre bouclier contre tous vos ennemis, votre force dans tous les combats ; qu'il répande son amour dans votre cœur, et que la paix de Notre-Seigneur Jésus-Christ soit à jamais avec vous. »

« Je ne pouvais en dire davantage, sentant couler mes larmes. Alors Sa Majesté me serra contre son cœur, et moi-même je serrai ce monarque contre mon cœur palpitant. Le cœur me saigna en apprenant la nouvelle de sa mort. Non, aucun jour ne passe que je ne me le rappelle dans mes prières devant l'Éternel. »

C'est la première fois que nous voyons l'empereur s'entretenir longuement avec un prêtre catholique. Ce témoignage du cardinal est d'une grande importance, et on est forcé d'avouer, à la vue de ce grand monarque schismatique à genoux devant un prêtre catholique, que ce monarque ne peut être éloigné d'être catholique s'il ne l'est déjà dans son âme.

Mais nous avons d'autres preuves de son estime pour la vraie foi.

En juin 1825, M. Sverbéief, attaché à la légation de Russie en Suisse, fut chargé par Alexandre Ier de remettre de sa part à l'abbé Vuarin, curé catholique de Genève, cinq mille francs, destinés à l'entretien des sœurs de Charité dans cette ville.

Au mois suivant de la même année, il fait poser à Tsarskoselo, son séjour favori, la première pierre d'une église catholique. L'empereur avait donné le terrain et ajouté de sa cassette une somme de trente mille roubles.

Le comte de Lescarène, qui avait reçu les confidences du général Michaud, aide de camp de l'empereur Alexandre, rapporte dans sa correspondance qu'à cette époque, Alexandre, se préparant à se rendre en Italie au congrès de Vienne, manifesta le désir d'aller jusqu'à Rome ; mais, comme ses tendances vers le catholicisme étaient soupçonnées de la famille impériale, l'impératrice sa mère, craignant qu'un entretien avec le pape ne déterminât son fils à rentrer dans le sein de l'Église, le supplia de ne pas aller dans la Ville éternelle. Celui-ci, toujours plein de déférence envers sa mère, le promit et tint parole.

Livré à ces grands projets d'avenir spirituel, Alexandre n'oubliait pas le bien de ses sujets, et son règne fit faire à la Russie d'immenses progrès dans la civilisation moderne.

L'empereur s'appliqua à réparer les injustices du règne précédent ; il rappela les exilés, abolit la censure et le tribunal secret institué par Paul Ier, rétablit le comité des lois créé sous Catherine II, fit disparaître des institutions judiciaires la torture et la confiscation des biens héréditaires, interdit la vente des serfs, et donna à la noblesse moscovite l'exemple de mœurs simples et aimables. Protecteur du commerce et de l'industrie, il rendit plus libre l'exercice des diverses professions, conclut des traités avec les puissances voisines, et non seulement les manufactures prirent un grand essor, mais le pays put fournir d'abondants produits aux marchés de l'Europe.

Alexandre fut un des hommes les plus distingués de son temps, et le premier sans aucun doute après Napoléon par ses qualités intellectuelles ; maniant habilement les hommes, d'un caractère ferme mais doux, élevé quoique un peu dissimulé, affable sans familiarité, il possédait une élocution facile, avait beaucoup de grâce dans l'esprit et de séduction dans les manières. Les malheurs momentanés de son règne, noblement supportés, ont fini par tourner au profit de la puissance de son pays, et jamais avant Alexandre la Russie n'avait exercé une telle prépondérance en Europe.

En 1825, il était revenu à ses anciens projets d'abdication et s'en entretint plusieurs fois avec son beau-frère, le prince d'Orange. Il est permis de croire que ses projets se rattachaient à la pensée de sa conversion.

Nous arrivons à la fin de sa vie et au fait qui est le principal objet de ce travail.

Parmi ses aides de camp généraux, il y avait
un officier de la Savoie, nommé Michaud, formé à
l'école de J. de Maistre. Au moment où l'empereur
partait lui-même pour un voyage à Taganrog, à
l'extrémité de son empire, Alexandre l'envoya en
mission à Rome, porteur d'une lettre pour le pape
Léon XII, dans laquelle il disait que, décidé à embrasser la religion catholique, il sollicitait de Sa
Sainteté l'envoi d'un prêtre pour recevoir son abju-
ration des erreurs de Photius[1]. En confiant cette
lettre au général, Alexandre ne se faisait aucune
illusion sur les difficultés de l'entreprise, et en le
congédiant il dit à Michaud : « Eh bien ! si cela est
nécessaire, je serai martyr[2]. »

En novembre 1825, le confident de l'empereur, le
général Michaud, fut admis en présence de Léon XII.
Il dit au pape qu'Alexandre étant résolu à se faire
catholique, il priait le successeur de saint Pierre
de lui envoyer secrètement un simple prêtre, investi
de la confiance du chef de l'Église et muni de ses
pleins pouvoirs, entre les mains duquel il pût faire
sa profession de foi.

Le choix de Léon XII tomba d'abord sur Maur
Capellari, camaldule, qui plus tard fut pape sous
le nom de Grégoire XVI. Celui-ci, théologien hé-
braïsant du premier ordre et timide par caractère,
conjura le souverain pontife de le dispenser de cette

---

[1] De Witt et le comte X. Branicki, cités par le P. Gagarin.

[2] Paroles rapportées par Michaud et citées dans la lettre du comte de
Lescarène. Cette lettre, écrite en français, est restée longtemps secrète;
ce n'est qu'à la fin de 1876 qu'elle a été publiée par la *Civilta catto-
lica*.

grave mission. Le pape y consentit en lui imposant le silence le plus rigoureux, et choisit le P. Origli, religieux franciscain, qui peu après fut créé cardinal.

Ce dernier se disposait à partir en Russie avec le général Michaud, qui l'avait attendu à Rome, lorsqu'on y apprit la mort de l'empereur Alexandre, décédé à Tangarog le 1er décembre 1825.

Ces faits si importants reposent sur le témoignage du comte de Lescarène, ami intime du général Michaud, et sur celui de Maur Capellari, chargé d'abord de recevoir l'empereur de Russie dans l'Église catholique. Devenu pape et délié de son secret, il raconta toute cette affaire à Gaétan Moroni, qui écrivit au moment même ce que le pape lui avait dit, et ne le publia que longtemps après dans le 59e volume de son *Dicionario de Historia ecclesiastica*.

Le comte de Witt affirme positivement qu'Alexandre est mort dans la foi romaine.

Au dernier moment, assure-t-il, il a fait venir le prêtre de la chapelle catholique de Tangarog, auquel il se confessa, et qui lui administra l'Extrême-Onction. Il avait perdu connaissance quand un pope, appelé à la hâte par quelques personnes de l'entourage du prince, remplit alors son ministère, ce qui a pu donner le change aux historiens sur les vrais sentiments de l'empereur.

Du reste, comme le remarque le P. Gagarin, lors même que l'auguste malade se serait adressé au confesseur de l'impératrice, appelé Fédotof, comme le porte la relation officielle, « ceci ne prouverait pas que ses sentiments catholiques aient changé, et l'absolution que ce prêtre lui a donnée à l'article de la mort était valide[1]. »

Un dernier épisode de ce voyage dans les provinces polonaises, admirable de foi, raconté par le P. Gagarin.

En passant par une ville où il y avait une maison de dominicains, il admit le prieur en sa présence et lui commanda de l'attendre à minuit à la petite porte de son couvent. L'heure venue, l'empereur se présenta seul dans l'obscurité de la nuit ; il se fit conduire à l'église et demanda que le saint Sacrement fût exposé. Le prieur obéit. A genoux au pied de l'autel, Alexandre pria pendant quelque temps et voulut recevoir la bénédiction. Le prieur la donna, et, en se retournant, après avoir remis le saint Sacrement dans le tabernacle, il vit l'empereur prosterné la face contre terre, et les degrés de l'autel baignés de ses larmes. Puis Alexandre se releva, remercia le prieur, et se retira aussi secrètement qu'il était venu.

Ce fait, ajoute le même auteur, rapporté par le général Michaud, est connu depuis longtemps de beaucoup de catholiques en Pologne et en Russie.

Et maintenant il nous semble que, pour tout homme impartial, la résolution de l'empereur Alexandre Iᵉʳ d'embrasser la foi catholique apparaîtra comme la conséquence d'un travail intérieur qui

---

[1] *Études religieuses*, loc. cit.

s'est prolongé au milieu du tracas des plus grandes affaires. Dieu n'a pas permis qu'il eût la joie et le temps de professer publiquement cette foi. Il avait à peine quarante-huit ans.

« Sans doute le salut de son âme est arrivé, mais l'heure de la miséricorde n'avait pas encore sonné pour la Russie. Suivant la prédiction de J. de Maistre, il faut qu'elle épuise toutes les erreurs pour arriver à la vérité. L'œuvre est en bon train. Les classes de la société qui passent par les écoles en sortent incrédules, nihilistes, matérialistes et athées. Celles qui échappent à cette dangereuse éducation se réfugient dans les sectes qui se multiplient de plus en plus. La foi s'éteint dans le clergé. La tutelle que le gouvernement exerce sur cette Église lui ôte la vie. On peut prévoir le jour où elle tombera en ruines... La mort est inévitable et prochaine. Que deviendront ces millions d'âmes livrées à elles-mêmes? Seront-elles la proie du raskol ou du nihilisme? Ou bien, à l'exemple de l'empereur Alexandre, après avoir parcouru le cercle des erreurs, fatiguées et dégoûtées de tout, se tourneront-elles vers l'Occident, et demanderont-elles au successeur de saint Pierre de leur envoyer des prêtres pour les instruire et les recevoir dans le sein de l'Église une, sainte, catholique et apostolique, dont le centre est à Rome?

« *Fiat, fiat*[1] *!* »

On peut se demander si Alexandre devenu catho-

---

[1] *Études religieuses.*

lique se serait contenté d'une conversion intime et
personnelle, ou s'il se serait efforcé d'imposer sa
foi aux peuples de son vaste empire en réunissant
les Églises d'Orient et d'Occident. Et, dans cette
hypothèse, la Russie serait-elle catholique aujour-
d'hui ?

Autant de graves questions que sa mort préci-
pitée empêche de résoudre.

2*

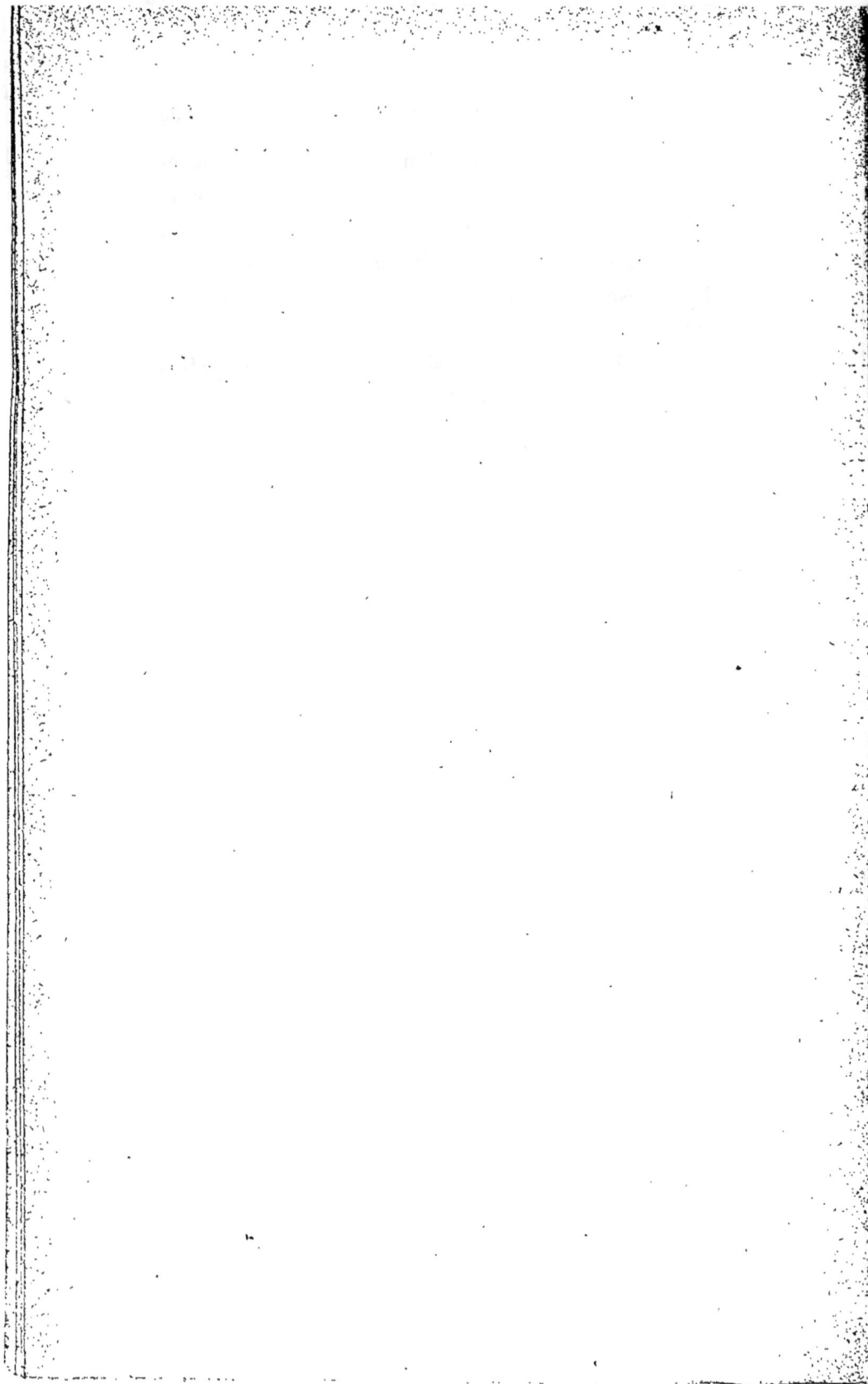

AMPÈRE

MATHÉMATICIEN, MEMBPE DE L'INSTITUT

(1775-1836)

> « Il faut devenir calme, recueilli
> et point raisonneur avec Dieu. »
>
> (AMPÈRE.)

« Une vie illustre vient de s'éteindre, disait Ozanam en 1836. M. Ampère, membre de l'Institut, professeur au Collège de France, inspecteur général de l'Université, est mort le 10 juin à Marseille, laissant un grand vide dans la société des intelligences d'élite, parmi lesquelles il marchait au premier rang, laissant un grand deuil dans le cœur de tous ceux qui avaient pu l'approcher de près, et jouir de la familiarité de ses vertus. »

Ampère (André-Marie) est né le 20 janvier 1775 à Polémieux, près de Lyon. Dès son enfance, il était tellement porté aux mathématiques, qu'on le surprenait souvent faisant des opérations avec de petits cailloux. A onze ans, il était déjà fort en algèbre et en géométrie, et à dix-huit ans il étudiait la mécanique analytique de Lagrange, dont il refaisait presque tous les calculs. Jusque-là il avait vécu dans l'obscurité. Il n'en sortit, dit Ozanam, que pour occuper l'humble place de professeur de physique. Peu de temps après, ses *Considérations sur la théorie mathématique du jeu* lui attirèrent les éloges de l'Institut et l'attention bienveillante du gouvernement. Dès lors Ampère porta ses investigations dans les parties les plus inexplorées des mathématiques, de la mécanique, de la physique, de la chimie, aborda les problèmes les plus ardus, et en résolut un grand nombre avec bonheur.

Mais ce qui devait environner son nom de plus de gloire et lui assurer pour toujours une place parmi ceux des grands hommes, c'était ses travaux sur les phénomènes électro-magnétiques. Ampère pressentit, devina comme Képler et Newton, et, après dix années d'expérience, il démontra avec la plus claire évidence l'identité de l'électricité et du magnétisme.

Toutes les sciences étaient pour lui un seul empire, dont aucune partie ne lui restait étrangère. Dieu l'avait doué d'une activité d'esprit que rien ne fatiguait, si ce n'est le repos; d'une mémoire prompte à saisir l'idée ou la parole au passage, et qui retenait pour toujours. Avec de telles facultés, il s'était rendu accessible toutes les sphères des connaissances humaines; il les parcourait et s'y jouait à son gré. Des hardies spéculations de l'astronomie il savait descendre aux ingénieux aperçus de la philologie et à la littérature ancienne ou moderne. Toutefois, entre toutes les sciences, celle qui était l'objet de ses plus chères préoccupations, c'était celle qui recherche les principes et forme le couronnement des autres, la philosophie. C'était là le secret de ses méditations prolongées dans lesquelles, depuis sa jeunesse, il aimait à oublier les heures.

Mais pour nous, catholiques, ce beau génie a d'autres titres à notre vénération.

Sainte-Beuve a dû avouer que « les idées religieuses étaient vives chez le jeune Ampère à l'époque de sa première communion[1]. Nous ne voyons pas qu'elles aient cessé complètement dans les années qui suivent, mais elles s'étaient certainement affaiblies ; le malheur les réveilla avec puissance. On sait, et on l'a dit souvent, que M. Ampère était religieux, qu'il était croyant comme tant d'illustres savants du premier ordre, les Newton, les Leibnitz, les Haller, les Euler, les Jussieu ».

MM. Ballanche, Camille Jordan, de Jussieu, Bergasse, de Gérando, Dugas-Montbel, célèbres dans des carrières diverses, mais unis par un esprit commun de christianisme, furent tous compatriotes et amis d'Ampère. Leur société fut un foyer d'études. « Nous avons entendu parler, dit Ozanam, de ces réunions amicales dans lesquelles chacun apportait son tribut intellectuel, et où M. Ampère aimait à développer les preuves de la divinité des Livres saints. Nous savons des âmes qui lui durent alors

---

[1] « Ce grand chrétien disait que trois événements avaient été décisifs dans sa vie: sa première communion, la lecture de l'éloge de Descartes, par Thomas, qui lui avait inspiré l'amour de la science, et enfin la prise de la Bastille, sans doute parce que la révolution avait changé les conditions de sa vie. » (Comte de Champagny, de l'Académie.)

les premières lueurs de la foi. A Paris, au milieu
du matérialisme de l'empire, du panthéisme de ces
derniers temps, il conserva inébranlable la religion
de ses premières années. C'était elle qui présidait
à tous les labeurs de sa pensée, qui éclairait toutes
ses méditations ; c'était de ce point de vue élevé
qu'il jugeait toutes choses et la science elle-même.
Naguère encore, à son cours au Collège de France,
nous l'avons entendu justifier par une brillante
théorie géologique l'antique récit de la Genèse. Il
n'avait point sacrifié, comme tant d'autres, au génie
du rationalisme l'intégrité de ces convictions, ni
déconcerté le légitime orgueil que ses frères avaient
mis en lui. Cette tête vénérable, toute chargée de
science et d'honneurs, se courbait sans réserve
devant les mystères et sous le niveau de l'enseignement sacré. Il s'agenouillait aux mêmes autels de
Descartes, à côté de la pauvre veuve et du petit
enfant moins humbles que lui... Il était beau surtout
de voir ce que le christianisme avait su faire à
l'intérieur de sa grande âme : cette admirable simplicité, pudeur du génie, qui savait tout et s'ignorait
soi-même ; cette haute probité scientifique qui cherchait la vérité seule et non pas la gloire, et qui
maintenant est devenue si rare ; cette bienveillance
enfin qui allait au-devant de tous, mais surtout
des jeunes gens : nous en connaissons pour lesquels
il a eu des complaisances et des sollicitudes qui
ressemblaient à celles d'un père. En vérité, ceux
qui n'ont connu que l'intelligence de cet homme
n'ont connu de lui que la moitié la moins par-

faite. S'il pensa beaucoup, il aima encore davantage. »

En 1799, Ampère avait épousé Mlle Julie Carron, de Lyon. Sur le point de la perdre, quelques années après, il écrivit cette prière où le savant disparaît, mais où la foi et la confiance du chrétien apparaissent dans toute leur beauté :

« Mon Dieu, je vous remercie de m'avoir créé, racheté et éclairé de votre divine lumière en me faisant naître dans le sein de l'Église catholique. Je vous remercie de m'avoir rappelé à vous après mes égarements ; je vous remercie de me les avoir pardonnés. Je sens que vous voulez que je ne vive plus que pour vous, que tous mes moments vous soient consacrés. M'ôterez-vous tout bonheur sur cette terre ? Vous en êtes le maître, ô mon Dieu ! Mes crimes m'ont mérité ce châtiment. Mais peut-être écouterez-vous encore la voix de vos miséricordes.

« J'espère en vous, ô mon Dieu ! mais je serai soumis à votre arrêt, quel qu'il soit. Mais je ne méritais pas le ciel, et vous n'avez pas voulu me plonger dans l'enfer. Daignez me secourir, pour qu'une vie passée dans la douleur me mérite une bonne mort, dont je me suis rendu indigne.

« O Seigneur ! Dieu de miséricorde ! daignez me réunir dans le ciel à ce que vous m'aviez permis d'aimer sur la terre. »

La méditation suivante est du mois de septembre 1805, elle montre quels flots de lumière avaient inondé sa belle âme :

« Défie-toi de ton esprit, il t'a souvent trompé ; comment pourrais-tu encore compter sur lui ? Quand tu t'efforçais de devenir philosophe, tu sentais déjà combien est vain cet esprit qui consiste en une certaine facilité à produire des pensées brillantes. Aujourd'hui que tu aspires à devenir chrétien, ne sens-tu pas qu'il n'y a de bon esprit que *celui qui vient de Dieu ?* L'esprit qui nous éloigne de Dieu, l'esprit qui nous détourne du vrai bien, quelque agréable, quelque habile qu'il soit pour nous procurer des biens corruptibles, n'est qu'un esprit d'illusion et d'égarement.

« L'esprit n'est fait que pour nous conduire à la vérité et au souverain bien. Heureux l'homme qui se dépouille pour être revêtu, qui foule aux pieds la vaine sagesse pour posséder celle de Dieu, méprise l'esprit autant que le monde l'estime ! Ne conforme pas tes idées à celles du monde, si tu veux qu'elles soient conformes à la vérité.

« La doctrine du monde est une doctrine de perdition. *Il faut devenir simple, humble et entièrement détaché avec les hommes ; il faut devenir calme, recueilli et point raisonneur avec Dieu.*

« La figure de ce monde passe. Si tu te nourris de ses vanités, tu passeras comme elle. Mais la vérité de Dieu demeure éternellement ; si tu t'en nourris, tu seras permanent comme elle. Mon Dieu ! que sont toutes ces sciences, tous ces raisonnements, toutes ces découvertes de génie, toutes ces vastes conceptions que le monde admire et dont la curiosité se

repaît si avidement ! En vérité, rien que de pures
vanités.

« Étudie cependant, mais sans aucun empresse-

Ampère.

ment. Que la chaleur déjà à demi éteinte de ton âme
te serve à des objets moins frivoles. Ne la consume
pas à de semblables vanités...

« Étudie les choses de ce monde, c'est le devoir
de ton état; mais ne les regarde que d'un œil, que
ton autre œil soit constamment fixé sur la lumière

éternelle. *Écoute les savants, mais ne les écoute que d'une oreille;* que l'autre soit toujours prête à recevoir les doux accents de la voix de ton ami céleste; n'écris que d'une main, de l'autre tiens-toi aux vêtements de Dieu, comme un enfant se tient aux vêtements de son père.

« Que mon âme, à partir d'aujourd'hui, reste ainsi unie à Dieu et à Jésus-Christ !

« Bénissez-moi, mon Dieu. »

A mesure qu'Ampère s'élevait ainsi dans les régions de la foi, il s'élevait aussi dans la science ; et les honneurs qu'il ne recherchait point, comme nous venons de le constater dans les lignes précédentes, vinrent à lui et augmentèrent sa gloire. Déjà inspecteur de l'Université en 1808, puis professeur à l'École polytechnique en 1809, il est nommé chevalier de la Légion d'honneur et membre de l'Académie royale des sciences en 1815. Plus tard, il échangea sa chaire de l'École polytechnique contre celle de physique générale et expérimentale au Collège de France. Dans ces dernières années, depuis 1830, il entreprit un vaste travail : c'était de résumer l'œuvre de toute sa vie dans une classification générale des sciences, tableau encyclopédique où toutes les connaissances humaines devaient avoir une place marquée, non par le caprice, mais par la nature, inventaire immense des richesses et des misères de l'intelligence de l'homme. Dans son cours du Collège de France, il développa ce magnifique programme, et voulut lui donner une forme plus rigoureuse en en faisant un livre qui a été publié : c'est la *Philosophie des sciences*.

Terminons ces lignes consacrées à sa mémoire par deux traits qui nous montrent le grand chrétien alimentant sa ferveur par les pratiques de la piété.

« Frédéric Ozanam avait dix-huit ans. Il arrivait à Paris, non point incrédule, mais l'âme plus ou moins atteinte de ce que le P. Gratry appelait *la crise de la foi*. Un jour, un jeune homme entre dans une église de Paris, et il aperçoit, agenouillé dans un coin, près du sanctuaire, un homme, un vieillard, qui récitait son chapelet.

« Il s'approche et reconnaît Ampère, son idéal, la science et le génie vivants. Cette vision l'émeut jusqu'au fond de l'âme ; il s'agenouille doucement derrière le maître, la prière et les larmes jaillissent de son cœur. C'était la pleine victoire de la foi et de l'amour de Dieu, et Ozanam se plaisait à redire ensuite : « Le chapelet d'Ampère a plus fait sur moi que tous les livres et même tous les sermons. »

« Ampère accepta Ozanam comme son commensal, et le grand mathématicien aimait à s'entretenir avec son jeune ami : « Leurs entretiens, dit le P. Lacordaire, amenaient dans l'âme du savant, à propos des merveilles de la nature, des élans d'admiration pour leur auteur. Quelquefois, mettant sa tête entre ses deux mains, il s'écriait tout transporté : « Que Dieu est grand, Ozanam ! que Dieu est grand ! »

Pendant sa dernière maladie, la religieuse qui le veillait voulut lui lire quelques passages de l'*Imita-*

tion de Jésus-Christ : « N'en prenez pas la peine, ma sœur, lui dit-il, *je la sais par cœur.* » Merveilleuse et touchante union du génie et de la foi, comme tu condamnes cette prétendue science athée ou sceptique qui dessèche le cœur, lui enlevant les vraies joies de la vie et les espérances éternelles !

AUBRYET (XAVIER)

LITTÉRATEUR

(1827-1880)

> « Vous dites que la Religion, c'est
> la servitude : nous vous répondons
> que la Religion, c'est la liberté...
> Laissez-moi mes croyances d'enfant,
> les hommes n'ont encore rien trouvé
> de meilleur. »   (X. AUBRYET.)

En 1872, Xavier Aubriet disait à propos d'un
ouvrage qu'il publiait alors :

« Celui qui écrit ces lignes n'a pas l'honneur
d'être un bien strict pratiquant. » Aubryet, il est
vrai, ne fut pas toujours chrétien dans le sens exact
du mot. Il suffirait de rappeler ce qu'un journal
catholique disait de lui lorsque parurent ses *Poètes
volontaires et Poètes malheureux* : « S'il n'y avait
entre nous que le marbre de l'artiste grec, nous
serions, à la vérité, près de nous entendre. Par
malheur, il y a autre chose; le ciseau et ses complaisances ne font pas perdre le souvenir d'une
chronique féconde en incidents déplorables [1]. »

[1] *Revue littéraire de l'Univers*, 1876.

Mais bientôt il espérait mieux de lui et ajoutait peu
après : « M. Aubryet, citoyen honoré de la république des lettres, n'est peut-être pas loin de devenir
un publiciste moins attique et très chrétien... Au
fond, nous sommes du même camp, et le triomphe
de la croix étant l'objet des luttes présentes, nous
avons la conviction qu'un de ces jours nous nous
rencontrerons avec M. Aubryet à la même bataille
ou aux mêmes avant-postes. »

Ces belles espérances devaient se réaliser.

Né à Pierry (Marne), et ayant achevé ses études
au lycée Charlemagne, X. Aubryet se jeta dans la
littérature quotidienne. En 1847, nous le trouvons
occupé à fonder un journal littéraire, puis il colla-
bore successivement à l'*Artiste*, au *Corsaire*, à
l'*Événement*, à l'*Illustration*, et partagea plus tard
la direction de l'*Artiste* avec M. Houssaye. Il a
publié plusieurs volumes : *la Femme de vingt-
cinq ans, Jugements littéraires, les Représailles
du sens commun*, et d'autres encore, en dehors de
ses articles de revues. Partout il s'est montré écrivain brillant et aimable, bien que souvent, comme
« l'abeille attique, ardente à produire le miel, il ne
néglige pas de faire sentir le dard ».

Esprit droit et indépendant, il a le courage de
persifler le mal partout où il le rencontre, de fla-
geller les défauts de la génération contemporaine.
En un mot, on le lit toujours avec plaisir ; on le
quitte avec regret. Nous le dirons à sa louange,
même au temps où il ne fut pas chrétien, il sut

aimer et respecter tout ce qui est respectable. Dieu
ne devait pas laisser sans récompense son respect
de la vérité et de la morale, et après l'avoir purifié
par une longue et cruelle maladie de six années, il
lui accorda de mourir en excellent chrétien, le 15 novembre 1880. Il s'était converti avant ce moment
suprême, et avait répondu à un ami qui cherchait
à le consoler par des raisonnements philosophiques :
« Non, mon ami, laissez-moi mes croyances d'enfant, les hommes n'ont encore trouvé rien de meilleur. »

X. Aubryet a écrit de belles pages : les unes
respirent le patriotisme le plus pur et le plus ardent;
d'autres, la religion et le respect du prêtre.

« Pauvre France ! enfant gâté de Dieu qui s'est
révolté contre son père ! Posséder tous les éléments
de grandeur et de prospérité, un sol merveilleux,
une position géographique admirable, une race qui,
bien mise en valeur, pourrait être la première sans
immodestie, et fatiguer le reste du monde à force
de jeter sous ses pieds les dons qu'elle a reçus
du ciel, comme une reine de beauté qui s'enlaidi-
rait volontairement, ou comme un homme de génie
qui aspirerait au crétinisme; voir tant de trésors
engloutis, tant d'aptitudes rendues inutiles, tant
de qualités perdues, tant de temps précieux dévoré
dans des querelles byzantines, pendant que les
autres nations, moins brillantes, mais plus sages,
poursuivent régulièrement leur marche sans toujours remettre en question le point de départ.

« Les Français ressemblent à des voyageurs plus agiles que les autres, mais qui s'arrêtent si souvent pour se quereller, que les plus lents arrivent toujours au but avant eux ; et voilà pourquoi, en dépit de tous ses patrimoines, la France a un retard incalculable sur ses voisins. Est-ce qu'en Angleterre, par exemple, il existe cette espèce odieuse et sacrilège qu'on appelle les *ambitieux?* est-ce qu'il faut que gouvernement et société périssent, pour qu'une douzaine d'avocats érigent leur serviette en portefeuille ? est-ce qu'on se bat sur le ventre de la patrie ? est-ce que chaque matin on brise le mouvement de l'horloge, sous prétexte qu'elle n'est pas à l'heure ?

« On dirait qu'au berceau de notre nationalité une méchante fée a paralysé, pour certaines phases de notre existence, les libéralités des fées bienfaisantes ; la France est constituée pour devenir un paradis, et trop de Français s'ingénient périodiquement à la transformer en enfer ; la fatalité de notre sang, c'est le suicide intermittent ; les ennemis du dehors, les barbares extérieurs ne sont qu'un accident ; ce sont les barbares du dedans qui font déchoir notre pays de son rang et de sa qualité. »

« Il y a vingt ans que j'assiste à la croisade laïque entreprise contre les prêtres, et j'avoue ne pas bien comprendre le motif de cette indignation tradition- nelle ; j'ai vainement cherché autour de moi des vic- times du clergé. J'ai habité plusieurs provinces ; j'ai le plaisir d'avoir des amis à peu près dans tous les rangs ; je n'ai jamais connu quelqu'un qui ait été

molesté dans sa conscience ou troublé dans son intérieur par les manœuvres cléricales. Pauvres curés
de campagne, auxquels les gens qui vivent et meurent au cabaret reprochent si amèrement un dîner
fait au château, je vous ai vus de près : vous étiez
bien les meilleurs et les plus éclairés de votre village ; vous ne passiez pas votre temps à demander
des *lumières*, comme les farceurs qui se contentent
si allègrement des ténèbres ; avec vous on pouvait
causer de Virgile ou de Racine, que les coqs de la
commune eussent renié vingt fois. Modestes vicaires
de petites villes, que d'indulgence, que de bonté j'ai
trouvée chez vous, pendant que vos détracteurs
péroraient sur l'*égalité,* la *liberté,* la *fraternité,* ces
trois Parques du monde moderne !

« O bourgeois, ô prolétaires, ô libéraux en habit
noir ou en blouse, qui croyez que le saint tabernacle
est la boîte de Pandore, si vous vous donniez la
peine de raisonner un peu, vous qui faites sonner
les droits de la Raison, cette déesse qui décourage
les aliénistes, au lieu de jeter des pavés aux prêtres,
vous écarteriez les pierres de leur chemin.

« Celui qui écrit ces lignes n'a pas l'honneur d'être
un bien strict pratiquant ; son témoignage désinté-
ressé n'en a que plus de valeur ; il a du moins le
respect des grandes choses auxquelles il n'appar-
tient pas tout entier ; ces prêtres que vous signalez
comme un péril public, qu'apprennent-ils à vos
enfants ? le respect des parents. Qu'apprennent-ils
aux hommes faits ? le respect de la femme. Pendant
que d'autres célèbrent la promiscuité, ils maintien-

nent dans sa plus exquise poésie la sainteté du mariage. L'esprit révolutionnaire n'enseigne au peuple que ses droits, l'esprit religieux lui enseigne de plus ses devoirs. Si l'idéal chrétien était réalisé sur la terre, nous arriverions à la vérité dans l'ordre social : le pauvre ne détesterait plus le riche, car de par la charité la bourse serait presque commune ; l'humble n'abhorrerait plus le puissant, car tous deux s'inclineraient devant un maître supérieur. Les malheureux pardonneraient aux heureux, car ils auraient une porte ouverte sur un monde définitif plus juste et plus doux. Nul ne songerait au domaine d'autrui, car l'empreinte de la loi serait gravée dans toutes les âmes. Vous dites que la religion, c'est la servitude; nous vous répondons, nous, que la religion, c'est la liberté.

« Vous avez comme nous des parents, des amis qui ont été élevés chez les jésuites; je ne sais à quoi cela tient, mais ils ont un autre ton, une autre solidité de vues, une autre sûreté de commerce; ils se sont mariés purs, ils sont ouverts à toutes les idées modernes, et *ils valent mieux que vous et moi; j'ignore où le catholicisme abrutit, mais je sais où il élève.*

« Ne perpétuons donc pas contre les prêtres ces calomnies qui ne daignent jamais fournir de preuves.

« On l'a vu à l'œuvre pendant les horribles crises où a failli périr la France, maintenant la fille aînée de la révolution ; on l'a vu à l'œuvre, ce clergé si coupable devant les préjugés modernes : on n'oubliera pas quels nobles exemples il a donnés, depuis ces *ignorantins* s'élançant si bravement sur le champ de bataille pour recueillir les blessés, quand on ne trouvait plus de brancardiers laïques, jusqu'à ces admirables sœurs consolatrices de la mort qui sont la rédemption vivante des pétroleuses. « *Jouir et* « *mépriser,* a dit Montalembert, c'est la devise « contemporaine ; *souffrir et respecter,* telle est « la devise de ces héroïnes de la charité. »

« On se rappellera ce frère Antoine qui, traqué par les bêtes fauves de la Commune, endossa l'habit de garde national pour ne pas abandonner ses malades. On citera à la veillée ces vieux curés qui défendaient si courageusement contre l'ennemi leur église et leur village. »

Nous ne pourrions citer ici toutes les pages dans lesquelles M. Aubryet a rendu hommage à la foi.

BABINET

ASTRONOME, MEMBRE DE L'ACADÉMIE DES SCIENCES

(1794-1872)

> « Réconcilié avec Dieu, vous lais-
> sez à vos amis l'exemple consolant
> d'une belle mort. »
>
> (M. FAYE, à l'Académie.)

Le lundi 21 octobre 1872, est mort à Paris
M. Jacques Babinet, né à Lusignan (Vienne) le
5 mars 1794.

Ancien élève de l'École polytechnique, et déjà
distingué comme professeur de physique, il suppléa
Savary au Collège de France en 1838, et entra en
1840 comme successeur de Dulong à l'Académie
des sciences.

On lui doit un grand nombre de mémoires et
d'articles publiés dans les journaux et les revues
sur les diverses branches des sciences physiques et
mathématiques, un perfectionnement considérable
à la machine pneumatique, un goniomètre, divers
autres appareils ingénieux servant aux démonstra-
tions scientifiques, et un nouveau système de cartes
géographiques. Babinet avait le zèle de la science ;

il lui est arrivé souvent de décocher contre les vérités religieuses des traits un peu lourds et qui ne
pouvaient guère augmenter sa réputation. Il n'épar-
gnait guère les choses saintes et avait la réputation
d'être un peu voltairien.

Mais sa fin chrétienne a montré qu'il n'avait
jamais perdu la foi.

Mgr l'évêque de Poitiers, étant venu le visiter, eut
avec lui une longue conversation ; et, quelques jours
après, M. Babinet demandait les sacrements, que lui
administrait M. le curé de Saint-Étienne-du-Mont,
et priait dévotement avec un chapelet de Notre-Dame
de Lourdes, qu'il avait demandé. Il expira doucement. C'est une des belles et nombreuses conquêtes
de la religion.

M. l'abbé Moigno, que la religion et la science
viennent de perdre, lié avec lui d'une amitié étroite
depuis plus de trente-cinq ans, et qui, sans doute,
avait contribué par ses rapports fréquents à conserver en lui l'étincelle de la foi catholique, lui a rendu
en quelques mots un témoignage bien précieux.

« Nous avons eu, dit-il, la consolation de voir
mourir notre illustre savant dans les sentiments
d'une foi sincère et d'une résignation vraiment touchante, entre les bras des deux fils qui lui ont fait
tant d'honneur. Notre ami avait une qualité bien
rare, poussée jusqu'à l'excès : il donnait tout ce
qu'il avait. Le nombre des infortunes qu'il a soulagées est incommensurable ; il serait mort pauvre s'il
n'avait pas été riche de ses nobles enfants. »

Les journaux radicaux, comme c'est leur coutume
quand meurt un homme éminent qui a quelque peu
frayé avec eux, essayèrent de nier sa conversion ;
mais l'illustre président de l'Académie des sciences,
M. Faye, confondit ce mensonge devant la France

Babinet.

entière, dans la séance du 21 octobre, en annonçant la mort de M. Babinet :

« Pour chacun de nous, a-t-il dit en s'adressant
à l'illustre défunt, tant que vous avez pu parler
vous avez eu une bonne parole ; plus tard, un geste,
un regard affectueux ; car, pendant que ce corps
robuste se dissolvait douloureusement, l'esprit et le

cœur sont restés intacts jusqu'au bout. Pas un de vos nombreux visiteurs n'a entendu sortir de vos lèvres une plainte ni même une parole de regret. Réconcilié avec tous, et par-dessus tout avec Dieu, vous avez révélé dans cette longue agonie la force de votre âme, et si vous laissez à vos enfants un nom célèbre, dignement porté par eux, vous laissez à vos amis l'exemple consolant et fortifiant d'une belle mort. »

« Ce sont là des paroles, dit M. J. Chantrel, qui honorent autant le vivant que le mort. »

BAUTAIN

PHILOSOPHE ET LITTÉRATEUR
DOCTEUR ÈS LETTRES, ÈS SCIENCES, EN DROIT
EN MÉDECINE, EN THÉOLOGIE

(1790-1867)

> « Et moi aussi je me suis cru phi-
> losophe... Un livre m'a sauvé, mais
> ce n'était pas un livre sorti de la
> main des hommes. » (BAUTAIN.)

Né à Paris le 17 février 1790, Louis-Marie Bautain reçut une éducation très soignée au point de
vue intellectuel, mais incomplète au point de vue
religieux, à cette époque où l'on sortait de la pé-
riode révolutionnaire et où l'enseignement religieux
n'était pas encore fortement organisé.

Sa rare aptitude pour *toutes* les connaissances,
sa passion de l'étude et ses brillants succès classiques le déterminèrent à entrer dans la carrière de
l'enseignement. A dix-sept ans, il entrait à l'École
normale, où il eut pour professeur ou condisciple
Cousin et Jouffroy, qu'il étonnait par son aptitude
extraordinaire aux sciences et aux lettres. Aussi à
vingt ans il professait la philosophie au lycée de

3*

Strasbourg, et peu après il l'enseignait à la faculté même de cette ville, où il attirait l'élite de la jeunesse studieuse.

Déiste au sortir du collège, il chercha la vérité dans les ouvrages des libres penseurs français et allemands ; mais son esprit si droit ne pouvait se contenter d'une philosophie rationaliste ou matérialiste, qui eût suffi à des intelligences moins saines. Amené à chercher ailleurs la vérité, il la trouva où Dieu l'a placée pour le salut de tous : ce fut sur les hauteurs du christianisme ; et comme son âme était ardente et généreuse, il se jeta tout entier dans les bras de la religion.

M. Bautain a raconté lui-même sa conversion dans les lignes suivantes :

« Et moi aussi je me suis cru philosophe, parce que j'ai été amateur de la sagesse humaine, admirateur des vaines doctrines. J'ai cru, comme beaucoup d'autres, que la mesure de l'absolu et du possible se trouve dans ma raison, et que ma volonté était sa loi elle-même. J'ai cherché la vérité en moi, dans la nature et dans les livres; j'ai frappé à la porte de toutes les écoles humaines; je me suis abandonné à tout vent de doctrines, et je n'ai trouvé que ténèbres et incertitudes, vanités et contradictions. Grâce au ciel, je n'ai jamais pu pactiser avec les doctrines dégradantes du matérialisme, ni me rouler systématiquement dans la fange. Mais j'ai été idolâtre de la beauté, esclave de l'imagination, et au milieu des prestiges de l'art et de l'enchantement

des images, mon âme est restée vide et affamée.
Alors j'ai raisonné avec Aristote, j'ai voulu refaire
mon entendement avec Bacon, j'ai douté méthodiquement avec Descartes, j'ai essayé de déterminer
avec Kant ce qu'il m'était possible et permis de connaître ; et le résultat de mes raisonnements, de mon
renouvellement, de mon doute méthodique et de ma
critique, a été que je ne savais rien et que peut-être
je ne pourrais rien savoir. Je me suis réfugié avec
Zénon dans mon for intérieur, dans ma conscience
morale, cherchant le bonheur dans l'indépendance
de ma volonté ; je me suis fait stoïcien. Mais ici
encore je me suis trouvé sans principe, sans direction, sans but, et de plus sans nourriture et sans
bonheur, ne sachant que faire de ma liberté et n'o-
sant l'exercer de peur de la perdre. Je me suis
tourné vers Platon ; ses spéculations sublimes ont
élevé mon esprit comme sur des ailes : j'espérais
arriver par ses idées à la contemplation de la vérité
pure, de la beauté éternelle. J'étais enflé de sciences
et d'idées ; j'ai appris à discourir magnifiquement
sur le bien, mais je ne savais pas le pratiquer. Je
pressentais beaucoup, je voyais peu, et je ne goûtais
rien ; je n'étais ni meilleur ni plus heureux pour être
savant ; et, au milieu de mes rêves de vertu et de
perfection, je sentais toujours dans mon sein l'hydre
vivante de l'égoïsme qui se riait de mes théories et
de mes efforts. Dégoûté des doctrines humaines et
doutant de tout, et croyant à peine à ma propre raison, ne sachant que faire de moi et des autres au
milieu du monde, je périssais consumé par la soif

du vrai, dévoré par la faim de la justice et du bien,
et ne les trouvant nulle part !

- « *Un livre m'a sauvé,* mais ce n'était pas un livre
sorti de la main des hommes ! Je l'avais longtemps
dédaigné, et je ne le croyais bon que pour les cré-
dules et les ignorants. J'y ai trouvé la science la
plus profonde de l'homme et de la nature, la morale
la plus simple et la plus sublime à la fois. *J'ai lu
l'Évangile de Jésus-Christ avec le désir d'y trouver
la vérité,* et j'ai été saisi d'une vive admiration,
pénétré d'une douce lumière qui n'a pas seulement
éclairé mon esprit, mais qui a porté la chaleur et la
vie au fond de mon âme. Elle m'a comme ressus-
cité. Les écailles sont tombées de mes yeux. J'ai
vu l'homme tel qu'il est, et tel qu'il doit être ; j'ai
compris son passé, son présent, son avenir ; et j'ai
tressailli de joie en retrouvant ce que la religion
m'avait enseigné dès l'enfance, en sentant renaître
dans mon cœur la foi, l'espérance et la charité. »

Ce changement intérieur opéré dans le professeur
de la faculté de Strasbourg ne tarda pas à se produire dans son enseignement, qui devint tout chrétien. Ce ne fut plus un système arbitraire de philosophie humaine, mais la vérité chrétienne et divine
sous une forme humaine et scientifique. « Sa parole
chaude de vie et de charité, dit le P. Huguet, va
toucher et remuer les cœurs qui s'ouvrent à sa
douce et puissante influence. Déjà de nombreux
élèves se pressaient autour de leur maître. Maintenant ils s'attachent à lui du fond de leur âme, parce

qu'il les attache à Dieu. Instruire et guérir les âmes,
tel était son but. » Les premières conquêtes de son
apostolat de la chaire de philosophie furent Adolphe
Carl de Strasbourg, Théodore Ratisbonne, Isidore
Goschler, Jules Lewel, tous trois avocats israélites,
tous convertis par lui, et Nestor Lewel et plusieurs
autres personnages remarquables par leur position
ou leur influence.

Non content de guérir les âmes, M. Bautain veut
aussi soulager les corps, et déjà docteur ès sciences,
ès lettres, en droit, il étudie la médecine, ce qui
n'était pour lui qu'un jeu, et se fait recevoir docteur.

Puis, ne pouvant s'arrêter en si beau chemin et
ne faisant rien à demi, il prend la résolution de
devenir prêtre. Il s'en ouvre à de puissants amis qui
s'efforcent de l'en détourner. Ceux-ci lui montrent
sa carrière si brillante, si pleine d'avenir, tout à coup
interrompue, lui font les offres les plus séduisantes ;
mais toutes ces promesses ne le peuvent tenter. Il
a compris la vérité ; il sait ce qu'elle demande de
lui ; il est décidé à sacrifier, s'il le faut, son avenir
humain à ses destinées éternelles : il ira jusqu'au
bout.

A cette époque où tout lui souriait dans la vie, et
où d'un autre côté il voyait le clergé de France
dénigré et calomnié, il ne lui a pas fallu un faible
courage pour se destiner au sacerdoce.

Le voilà lancé dans de nouvelles études : celles
des Livres saints et de la théologie. Avec ce qu'il a

appris déjà, M. Bautain embrasse presque l'univer-
salité des sciences humaines ; et, ce qu'il y a d'étonnant chez lui, c'est cette merveilleuse facilité à les
acquérir toutes et à les enseigner. Il poursuit et
obtient son quintuple diplôme de docteur : celui de
théologie. « C'est sans doute, dit le P. Huguet, un
fait unique dans les annales de l'esprit humain.
L'étendue du savoir ne nuisait en rien à sa profondeur. Explorez tous les replis de son intelligence,
disséquez ses nombreuses productions, et vous n'y
trouverez jamais rien de superficiel, jamais rien de
banal. »

Après avoir reçu la consécration sacerdotale en
1820, M. Bautain est nommé chanoine de Strasbourg par son évêque, qui avait bien senti tout le
prix d'une si belle conquête, puis directeur du petit
séminaire.

Conformant sa vie à ses croyances, le nouveau
prêtre édifia le clergé par ses vertus, comme il avait
étonné les laïques par son savoir ; et quand il émit
dans ses enseignements des doctrines exagérées sur
le fidéisme, le naturalisme et les droits de la raison
et de la foi, sur le conseil de son évêque il part
pour Rome, où elles furent censurées par le pape.

Il se soumit avec l'humilité d'un véritable enfant
de l'Église. « Nous quittâmes Rome, dit-il, le cœur
large et léger, comme il arrive toujours quand on
accomplit un devoir. »

En 1828, M. Bautain est nommé doyen de la
faculté des lettres de Strasbourg, où il demeura
onze ans. Comme il occupait en même temps une

grande partie de l'activité de son esprit à la direction du célèbre collège de Juilly, il interrompit son cours et eut pour suppléant M. Ferrari, aujourd'hui député au parlement italien, et M. Janet, depuis professeur à la Faculté des lettres de Paris.

En 1848, il fit à Notre-Dame une série de conférences sur l'accord de la religion et de la liberté. En 1849, Mgr Sibour l'appela à prendre part à l'administration du diocèse de Paris, et lui donna les pouvoirs de vicaire général. En 1853, il se chargea du cours de théologie morale à la Sorbonne, et sa chaire fut entourée de toute la jeunesse studieuse des écoles. Il y enseigna pendant dix ans, s'occupant toujours du collège de Juilly, et s'appliquant à former une foule de brillants esprits, de bons chrétiens et de bons citoyens ; car jamais il n'a séparé de son cœur l'amour de l'Église de celui de la France.

Le trait qui caractérise M. Bautain, « c'est un rare et imposant ensemble de talents variés, dont un seul aurait suffi pour distinguer un homme. Il était à la fois philosophe profond, écrivain élégant, controversiste éprouvé, orateur correct, moraliste plein de finesse, théologien érudit, professeur consommé. Ses écrits sont nombreux et embrassent presque tout le cercle des connaissances humaines. Tous ont un but élevé et pratique ; tous sont faits avec science et conscience. Sa figure pleine de majesté et de noblesse, son regard serein et pénétrant, son attitude à la fois austère et bienveillante, com-

mandaient le silence et le respect. Au nombre de
ses auditeurs les plus assidus, on remarquait l'élite
de la société actuelle[1]. »

Un de nos doctes professeurs de la Faculté des
lettres de Paris lui a rendu ce beau témoignage en
disant : « Bautain, *c'est notre maître à tous.* »

Comme s'il avait prévu sa mort prochaine,
M. Bautain s'était démis de ses fonctions de directeur de la maison de Juilly, et avait fait une retraite
spirituelle, prêchée par le P. Olivaint, assassiné
plus tard sous la Commune, lorsque le 15 octobre
suivant il fut pris d'une crise qui l'emporta ce jour
même. Il se confessa avec une piété extraordinaire,
baisa trois fois le crucifix en faisant le sacrifice de
sa vie, reçut les derniers sacrements, et s'éteignit
une heure après, plein d'espoir et de confiance en
Dieu, conservant jusqu'à la fin la plénitude de son
intelligence.

En M. Bautain, le clergé de Paris et l'Église de
France perdirent une de leurs plus pures illustra-
tions ; la science et les lettres, un de leurs représen-
tants les plus justement renommés.

[1] P. Huguet.

BERNARD (CLAUDE)

DE L'ACADÉMIE DES SCIENCES ET DES LETTRES, SÉNATEUR

(1813-1878)

> « Il y a autre chose dans l'homme
> que la matière ; il y a quelque chose
> d'immatériel, de permanent, d'indé-
> pendant de la matière ; ce quelque
> chose, c'est l'âme. » (C. BERNARD.)

Au mois d'octobre 1878, la France perdait un savant dans lequel semblait s'être incarné le génie de l'expérience et que l'étranger nous enviait : Claude Bernard, créateur de la physiologie expérimentale, à peine ébauchée par Magendie. Il était encore dans toute l'activité de son beau talent quand la mort est venue mettre un terme à ses glorieuses découvertes. Il a en quelque sorte forcé la matière à lui révéler les mystères de la vie.

Ces lignes prouveront que la science matérialiste a voulu, mais en vain, accaparer la mémoire de cet homme illustre, la gloire de la science française.

Claude Bernard naquit à Villefranche (Rhône) en 1813, au village de Saint-Julien. Il devint enfant de chœur de l'église paroissiale, dont le curé était

M. Donnet, depuis cardinal-archevêque de Bordeaux. Il fit ses premières études au collège de Villefranche, dirigé successivement par MM. Boué et Bourgaud. Ces deux prêtres, dont le dernier fut depuis l'ami de Claude Bernard, avaient reconnu en lui des capacités extraordinaires pour les sciences, et ils n'en parlaient que comme d'un sujet rare et distingué.

Notre futur savant ne trouva pas sa voie dès le commencement de sa carrière. Il se sentit des dispositions pour la littérature; et, ayant à peine atteint l'âge d'homme, il vint à Paris, une tragédie en poche, pour se destiner au théâtre. Mais ses débuts ne furent pas heureux.

Mal accueilli sur ce terrain, il dirigea ses études du côté de la médecine.

Là, il se mit à l'œuvre avec un nouveau courage et avec cette opiniâtreté qui est souvent la marque du génie. Bientôt ses succès justifièrent les espérances de ses maîtres et de ses condisciples, et il arriva vite à se faire un nom; bien plus, à se faire des disciples en créant une école, celle de la science expérimentale.

Il publia alors plusieurs mémoires très remarqués sur diverses questions jusque-là controversées, et sur le résultat de ses expériences.

La gloire vint le chercher en le produisant dans le corps distingué de l'Académie des sciences, puis de l'Académie des lettres. Il fut après nommé professeur au Muséum.

Seulement il n'acheta pas cette gloire au prix de sa foi, et ne fut pas de ces savants qui se vantent de ne pas trouver l'âme sous le scalpel. Il a fait, au contraire, de l'existence de ce principe de la vie du corps, une démonstration que nous nous ferons un devoir de présenter à nos lecteurs.

« Le corps humain est un composé de matière qui se renouvelle incessamment. Toutes les parties du corps sont soumises à un perpétuel mouvement de transformation. Chaque jour, vous perdez un peu de votre être physique, et vous remplacez par l'alimentation ce que vous perdez. Si bien que, dans un espace de huit années environ, votre chair, vos os, sont remplacés par une nouvelle chair, par de nouveaux os, qui, petit à petit, se sont substitués aux anciens par suite de ces alluvions successives.

« La main avec laquelle vous écrivez aujourd'hui n'est pas du tout composée des mêmes molécules qu'il y a huit ans. La forme est la même, mais c'est une nouvelle substance qui la remplit. Ce que je dis de la main, je le dirai du cerveau. Votre boîte crânienne n'est pas occupée par la même matière cérébrale qu'il y a huit ans.

« Ceci posé, puisque tout change dans votre cerveau en huit années, comment se fait-il que vous vous souveniez parfaitement des choses que vous avez vues, entendues, apprises, il y a plus de huit ans ? Si ces choses se sont, comme le prétendent certains physiologistes, logées, incrustées dans les lobes de votre cerveau, comment se fait-il qu'elles survivent à la disparition absolue de ces lobes ? Ces lobes ne sont pas les mêmes qu'il y a huit ans, et pourtant votre mémoire a gardé intact son dépôt. C'est donc qu'il y a autre chose dans l'homme que la matière, c'est donc qu'*il y a dans l'homme quelque chose d'immatériel, de permanent, de toujours présent, d'indépendant de la matière. Ce quelque chose, c'est* L'AME. »

Avouons cependant que quelques expressions du célèbre savant ont pu donner le change sur ses sentiments, et faire croire parfois à des tendances matérialistes ; mais il ne faut pas soumettre à la presse les paroles de l'illustre professeur, dit un savant religieux, on risquerait d'en faire sortir le matérialisme. La pensée vaut mieux que l'expression. Or cette pensée est trop manifestement spiritualiste, d'après les réserves faites avant d'entrer en matière, pour qu'il soit permis d'expliquer son langage dans un sens matérialiste.

Claude Bernard ne fut pas sans se douter de l'abus que la science athée pouvait faire de son autorité et de son nom. Aussi bien s'est-il défendu en plusieurs passages de ses écrits d'avoir parlé dans ce sens impie. Ainsi, dans son *Rapport sur les progrès de la physiologie générale* (1867), il fait profession de spiritualisme non équivoque. A la page 56, rappelant l'expérience de Brown-Séquard qui déterminait des mouvements de la face et des yeux par une injection de sang dans la tête d'un chien décapité, il écrit : « Ces faits nous semblent d'abord extraordinaires, parce que nous confondons

les *causes* des phénomènes avec leurs *conditions*.
Nous croyons à tort que la science conduit à admettre
que la matière engendre ces phénomènes, et cependant nous répugnons à croire que la matière puisse
avoir la propriété de penser et de sentir. » Et le
savant spiritualiste repousse avec énergie « les expli-
cations qui aboutiraient à un matérialisme absurde
et vide de sens [1] ».

Et ailleurs, dans la note 216 à laquelle il renvoie,
Claude Bernard, expliquant la même pensée sous
une autre forme, à propos du cerveau, ajoute :
« *Dire que le cerveau sécrète la pensée, cela équi-
vaudrait à dire que l'horloge sécrète l'heure ou
l'idée du temps*[2]. » L'homme qui a écrit ces lignes
ne pouvait être matérialiste [3].

Quelle protestation plus claire pourrait-on exiger ?
Ne serait-il pas injuste d'interpréter les enseignements de cet homme éminent dans un sens matérialiste ? Ce qu'il recherche, ce qu'il a toujours recherché
dans l'étude des phénomènes de la vie, ce ne sont
pas leurs *causes* premières et directes, mais seulement les *conditions* dans lesquelles ils se pro-
duisent.

Au reste, les principales circonstances de la vie
de Claude Bernard protestent contre une semblable
interprétation de ses écrits, et personne ne doit

---

[1] *Rapport sur les progrès de la physiologie générale,* p. 58.
[2] *Ibidem,* p. 227.
[3] La preuve, c'est qu'il chercha dans l'amitié d'un éminent religieux
l'occasion de s'instruire des choses divines.

faire à ce savant l'injure de dire qu'il a vécu et agi autrement qu'il n'a pensé.

Écoutons le cardinal Donnet, le pasteur de son enfance, rendre témoignage de ses sentiments chrétiens dans une lettre écrite à ce sujet : « Nommé sénateur en 1868, c'est son ancien curé que Claude Bernard choisit comme son introducteur au Luxembourg, et je le vis appelé deux fois par le sort pour être mon secrétaire dans les commissions dont on m'avait fait président. Je n'ai rien à vous apprendre de la variété et de la solidité de ses connaissances ; mais il a été le premier, en me visitant dans la capitale, à me déclarer, sans ostentation comme sans pusillanimité, que le membre de l'Institut faisait *encore sa prière et sanctifiait le dimanche.*

« Il me parlait quelquefois avec tendresse de son vieux professeur, curé aujourd'hui du canton de Pellegrue, et de deux de ses meilleurs frères d'armes de collège, dont l'un est l'archevêque de Reims, et l'autre curé de Notre-Dame de Bordeaux. »

Un savant, ami de Claude Bernard, M. Dumas, que la France vient de perdre, parlant sur sa tombe de son humilité, proclamait à sa louange que « les honneurs ont toujours été le chercher et qu'il n'en a jamais réclamé aucun. Savant des plus illustres, il ne connut pas l'orgueil ; sa science avait pour sœur la simplicité, et c'était chose étrange que de rencontrer dans le même homme tant d'autorité alliée à tant de modestie ».

Ce qui nous cause, à nous catholiques, plus de

joie que toute la gloire qui revient à ce savant de
ses travaux et de ses découvertes en médecine et
en science expérimentale, c'est l'assurance que cet
homme de bien a eu le bonheur d'être conséquent
avec ses principes religieux jusqu'à la fin. Quoique
les médecins qui l'entouraient lui fissent illusion et se
fissent illusion à eux-mêmes sur la gravité de son mal,
il a pu recevoir le prêtre en pleine connaissance, et
témoigner, par ses réponses et par la manière affectueuse dont il lui serrait la main, avec quelle grati-
tude il acceptait les secours suprêmes de la religion.

Mais laissons parler ici ce prêtre lui-même, le
R. P. Didon, dominicain :

« Je l'ai revu l'avant-veille de sa mort. Son esprit
avait encore sa lucidité et même cette légère excitation que donne à ceux qui vont mourir la fièvre
lente qui les consume. Il me fit asseoir près de lui.
Nous causâmes longtemps.

« Je lui parlai de la science ; et, se ressouvenant
d'une parole que je lui avais dite dans un entretien
précédent, il me la rappela en disant : « Mon Père,
combien j'eusse été peiné si ma science avait pu,
en quoi que ce soit, gêner ou combattre notre foi !
Ce n'a jamais été mon intention de porter à la
religion la moindre atteinte. »

« Je lui dis : « Votre science n'éloigne pas de
Dieu, elle y mène ; j'en ai fait l'expérience personnelle. » Je lui rappelai, à ce propos, un mot sublime
qui, dans une de ses dernières leçons du Collège de
France, me frappa. Parlant des conditions déter-
minées qui donnent naissance aux phénomènes, il

disait : « *Les conditions ne sont pas des causes ;
il n'y a qu'une cause, c'est la cause première.* »

« La cause première, repris-je, la science est
obligée de la reconnaître à tout instant sans pouvoir
la saisir ; et, à ce titre, la science est éminemment
religieuse.

« — Oui, mon Père, vous le dites bien, le posi-
tivisme et le matérialisme, qui le nient, sont à mes
yeux des doctrines insensées et insondables... »

« Nous nous séparâmes en nous disant : Au revoir.
Il me tendit une main affectueuse. Son âme était
tournée vers Dieu.

« Je ne devais plus le revoir qu'agonisant et dans
le râle. Cependant le lendemain il vit le prêtre,
répondit en pleine connaissance à ses questions,
demanda pardon à Dieu avant de quitter la terre,
reçut les dernières onctions, et mourut comme sa
vieille mère, qu'il avait tant aimée, avait espéré
qu'il dût mourir. »

Cette femme, qu'on félicitait de la gloire éclat-
tante de son fils, disait souvent : *J'aime bien à le
voir honoré et grand savant, mais qu'il n'oublie
pas le Dieu de sa mère !*

Le souhait du poète était le vœu le plus ardent de
cette mère chrétienne :

O Dieu de son berceau, sois le Dieu de sa tombe.

La France a bien compris quelle gloire lui revenait des travaux de ce grand savant, et elle a voulu
prendre à sa charge ses frais d'inhumation et lui
rendre les derniers honneurs.

BERRYER

AVOCAT,

MEMBRE DE L'INSTITUT ET DE L'ACADÉMIE FRANÇAISE, DÉPUTÉ

(1790-1868)

> « Voilà un grand talent. »
>   (GUIZOT.)
> « Voilà une grande puissance. »
>   (ROYER-COLLARD.)
> « Plaise à Dieu que cela me serve
> pour le ciel ! »   (BERRYER.)

Né à Paris en 1790, fils d'un avocat distingué, qui s'illustra dans les causes du général Moreau et du maréchal Ney, Pierre-Antoine Berryer débuta de bonne heure dans la carrière où son père s'était acquis une haute réputation. Bien que son inclination l'eût porté vers l'état ecclésiastique, le vœu de sa famille le porta au barreau, où il entra par docilité.

Dès 1816, il défend les généraux Debelle et Cambronne devant un conseil de guerre; mais son véritable début, comme orateur politique, date de 1826. En 1829, il entre dans la vie politique par la députation, le département de la Haute-Loire l'ayant envoyé à la Chambre.

4

Après la révolution de Juillet, il continua de sié-
ger à la droite de l'Assemblée, et fit partie depuis de
toutes les législatures, se montrant partout et à toute
heure le vaillant défenseur de la cause légitimiste.

La première fois qu'il prit la parole à la Chambre
des députés, en 1830, M. Guizot s'écria : « Voilà un
grand talent! » — « Voilà une grande puissance, »
ajouta Royer-Collard. Accusé en 1835, par Bugeaud,
Barthe et Guizot, d'être cyniquement révolutionnaire : « Il y a quelque chose, répond-il vivement,
de plus honteux que le cynisme révolutionnaire :
c'est le cynisme des apostasies. »

Le coup avait porté.

Une éloquence vive et brillante, une aptitude
rare à saisir toutes les questions, une courtoisie
chevaleresque, une parole toujours digne et conve-
nable s'élevant parfois jusqu'aux plus sublimes
inspirations, telles étaient les qualités oratoires de
Berryer. A ces dons de la parole et de l'action, il
joignait une pose majestueuse et un magnifique
organe qui ajoutait encore à la puissance de son
éloquence. Il lisait surtout avec une perfection rare.
Aussi un homme illustre qui l'entendit disait que
Berryer était le seul homme qui sût lire en France,
et M. de Cormenin a ajouté *qu'il n'a point eu
d'égal, depuis Mirabeau, dans nos assemblées
législatives.*

Berryer, que nous avons vu disposé à entrer dans
l'état ecclésiastique, perdit ses bonnes dispositions
au sortir du collège. L'embarras des affaires et le

tracas de la politique lui firent oublier longtemps ses principes religieux.

Ce fut le P. de Ravignan qui devait ramener à la pratique de ses devoirs de chrétien cet illustre orateur. Laissons Bernardille du *Français* rapporter cet épisode de la vie de Berryer.

« Il semble qu'assez longtemps le vieil homme, le mondain, résista chez l'illustre avocat; mais enfin il se rendit, et le P. de Ravignan, qui avait dit : « Je réponds de vous, âme pour âme, » reçut le 29 mars 1857 la lettre que voici :

« Mon bienfaisant ami et vénéré Père,

« Je me sens, grâce à Dieu, par votre aide, entré pleinement dans la volonté de suivre la voie où vous devez me diriger. Je ne manquerai pas d'aller m'humilier et me fortifier devant vous et par vous. *Auditui meo dabis gaudium et lætitiam, et exsultabunt ossa humiliata.*

« Ma raison et ma conscience sont satisfaites. Je rends grâces à Dieu, et je vous bénis dans le fond de mon cœur... Gardez-moi, je vous en conjure, mon bon Père, votre tendre et protectrice affection ; venez-moi en aide, vos conseils et vos encouragements me sont nécessaires.

« Je vous embrasse avec tendresse, et n'attends que de vous le calme de ma vie et le repos dans la voie du salut.

« Berryer. »

Le P. de Ravignan ne lui répondit qu'un mot :

« Venez! » Et Berryer vint. Après quoi le saint
religieux, comme s'il n'eût attendu que cette grande
conquête, se coucha pour ne plus se relever. Il était
mourant déjà et ne recevait plus personne, quand
il voulut une dernière fois recevoir Berryer : « Je
n'oublierai jamais, écrit le biographe de Ravignan,
tout ce qu'il y eut d'éloquence et de grandeur dans
la scène dont je fus témoin. Le visiteur, tout en
larmes, à deux genoux auprès du lit, faisait ses
adieux avec des promesses, demandant en suppliant
des bénédictions et des prières; le mourant, de
son côté, avec une incomparable tendresse et une
autorité surhumaine, semblait prêcher encore, et
d'une voix haletante consolait, encourageait et
bénissait. »

Une fois raffermi dans ces dispositions si chrétiennes, Berryer ne regarda plus en arrière.

« Il n'était point homme, dit le P. de Ponlevoy,
à dissimuler sa croyance ou sa pratique. Un de ses
amis politiques lui demandait un jour devant témoin :

« — *Est-ce que vous allez à confesse, vous?*

« — *Oui vraiment,* répond aussitôt Berryer.

« — Que vous êtes heureux! dit alors l'interlocuteur. Pour moi, je reconnais bien que la religion
est la plus grande et la plus belle chose qu'il y ait
au monde; mais à qui me prouverait qu'elle est
exclusivement divine, je donnerais volontiers la
moitié de ma fortune. »

En effet, la foi vaut encore plus que cela; mais,
en vérité, elle coûte beaucoup moins. M. Berryer

aurait pu clore ainsi le discours : « Quoi qu'il en soit d'une apparente pétition de principes, dites seulement le *Pater* et l'*Ave*, et surtout, comme moi, récitez le *Confiteor*, et le *Credo* sortira spontanément de votre cœur. »

En cette année encore [1], vers la fin du carême, M. Berryer dînait en tête-à-tête avec un de nos grands hommes d'État. Celui-ci vint à lui demander :

« Mon cher Berryer, allez-vous faire vos pâques ?

— Je crois bien, répondit-il à l'instant, je veux demander à mon confesseur de les faire deux fois : à Paris d'abord, pour mon propre compte, puis à Augeville, pour l'exemple de mes paysans.

— Ah ! que vous avez raison ! s'écria l'homme d'État. Si nous en faisions tous autant, la France serait sauvée. »

M. Berryer tint parole : en 1868, il a fait deux fois ses pâques.

« M. Berryer avait donc vécu plein de foi, continue le P. de Ponlevoy ; mais est-ce que la foi s'est jamais démentie en face de l'éternité ? Il est mort plein d'espérance.

« Comme je revenais tous les jours, le malade me dit une fois : « Vraiment, je reconnais que la maladie elle-même est un don de Dieu, parce qu'elle rapproche de Dieu. »

« Il avait fait mettre devant lui un beau et grand crucifix, qu'une main religieuse lui avait offert. Il

[1] En 1868.

aimait à invoquer la sainte Vierge et saint Pierre, son patron. Entre toutes les prières, sa prédilection était pour le *Salve Regina,* et chaque jour, après un grand signe de croix, il le récitait avec tous les assistants. Cette prière commune détermina une scène des plus touchantes. Une personne amie se déclare tout à coup vaincue sur place. Il y eut alors des larmes de joie, et le malade tout heureux lui adressa cette charmante parole de félicitation : « En vérité, il ne vous manquait que cela. »

« Le 17 novembre, entre neuf et dix heures, M. Berryer voulut se confesser une dernière fois. Il tenait à le faire en toute conscience et vraiment à souhait. Sur sa recommandation expresse, toutes les portes de la chambre furent exactement fermées, et alors dans la plénitude de ses facultés, avec toute la netteté de ses souvenirs et la franchise de sa religion, d'une voix ferme, pleine et sonore, il prononça ces désaveux suprêmes qui replongent dans l'éternel oubli toutes les défaillances temporaires. C'était à peine fini, qu'un prêtre de la paroisse, comme il avait été convenu d'avance, apportait au chrétien en détresse le Dieu de toute consolation.

« Voici quelques incidents de l'auguste cérémonie.

« Comme le prêtre allait tracer l'onction sur la poitrine du malade, celui-ci, faisant lui-même les apprêts, cherche avec une sorte d'anxiété une médaille qu'il portait au cou : « Où est donc ma médaille? Je veux ma médaille. » La sœur garde-malade cherche et retrouve enfin la médaille égarée. Il la prend aussitôt, la regarde et la baise sur les

deux faces avec une joie et une piété d'enfant. Après
l'Extrême-Onction vient le saint Viatique. Le prêtre,
tenant entre ses doigts la divine Hostie, lui adresse
ces quelques paroles :

« — Mon bien cher ami, je vous présente et vous
laisse le Dieu de votre première communion; le
reconnaissez-vous? »

« A cette question le malade, souriant sans rien
dire, fit un grand signe de tête.

« — Oui, c'est bien lui, toujours le même, toujours
constant, quand même nous ne sommes pas fidèles.
C'est lui qui pardonne et qui bénit ; c'est lui qui
reste seul quand tout passe, et qui nous prend et
nous recueille quand nous nous en allons nous-
mêmes. Ah! mon très cher fils, laissez-moi donc
aussi vous présenter à lui. — Seigneur Jésus, celui
que vous aimez, celui qui a toujours cru en vous,
qui a si souvent parlé de vous, est malade : *Domine,
ecce quem amas infirmatur*. Rendez-lui la joie et
la vigueur de la santé; en attendant, donnez-lui la
patience et la douceur dans la maladie, et enfin, au
nom de Marie, votre mère et la sienne, réservez-lui
un jour le bonheur qui n'est point de ce monde, et
cette gloire qui n'est plus de ce temps. »

« Peu avant sa mort, il venait de dire à un noble
et pieux ami : « Sans désirer la mort, je ne la crains
point. Mon confesseur a dit à saint Pierre de m'ouvrir
les portes du paradis. »

Il rendit son âme à Dieu le 18 novembre 1868.
Voici encore sur le grand orateur, écrit l'abbé

Saillard, un trait qui est un bien bel acte de foi et
de simplicité chrétienne.

Le 29 septembre 1868, Berryer était allé passer
quelques jours chez Mme de la Ferronnays.

En cette fête de saint Michel, précieux et touchant
anniversaire, la famille de la Ferronnays et son hôte
illustre assistèrent à la sainte messe. Au moment où
M. le curé arrivait au pied de l'autel, Berryer se
présenta pour répondre; et, en effet, le prince de
l'éloquence, chargé d'années et de gloire, servit dans
la perfection la messe du vieux pasteur, comme le
plus humble enfant de l'Église. Le curé, ému de
cet acte de religion, ne put s'empêcher d'adresser
quelques paroles de remerciement et d'éloge à ce
noble chrétien, qui, sans respect humain comme
sans vanité, avait tenu à honneur de servir la messe
à soixante-dix-huit ans. « Ah! Monsieur, lui répondit Berryer, plaise à Dieu que cela me serve pour le
ciel! »

Dans ses dernières années, un de ses amis lui
disait :

« Oui, vraiment, le sacerdoce vous eût bien convenu; vous auriez fait bien des conversions.

— Je le crois, dit Berryer, car j'aurais prêché
Jésus-Christ avec tout le feu de mes plus ardentes
convictions. »

On lui demandait une fois s'il avait visité Rome.
Sur sa réponse négative, et comme on exprimait de
l'étonnement, il dit avec un accent inexprimable :
« Si j'étais allé à Rome, je n'en serais pas revenu. »

DE BONALD

PHILOSOPHE, DÉPUTÉ, PAIR DE FRANCE, DE L'ACADÉMIE FRANÇAISE

(1754-1840)

> « Tout ce que les gouvernements
> font contre la religion, ils le font
> contre eux-mêmes. » (DE BONALD.)

Le plus célèbre représentant des doctrines monar-
chiques et religieuses de la restauration comme
philosophe, publiciste et orateur parlementaire, fut
le vicomte Louis-Gabriel de Bonald.

Né à Millau, en Rouergue, d'une famille ancienne,
il perdit son père dès l'âge de quatre ans, et resta
jusqu'à onze ans sous la direction de sa mère,
femme très pieuse.

Émigré en 1791, il ne revint en France, sous
l'empire, que grâce à Bonaparte, qui, se rappelant
la bonne impression que lui avait laissée la lecture
du premier ouvrage de M. de Bonald, consentit à
le rayer de la liste des émigrés. Bonaparte l'ayant
nommé conseiller de l'Université, le célèbre écrivain
n'accepta que deux ans après, sur les instances de
son ami de Fontanes. Il fut successivement député

4*

de 1815 à 1822, pair de France et membre de
l'Académie française.

Homme de foi, M. de Bonald doit partager avec
Chateaubriand la gloire d'avoir contribué au retour
des idées religieuses en France. Philosophe, il a
défendu courageusement le spiritualisme contre les
attaques de l'école sensualiste, et c'est lui qui a donné
cette belle définition : *L'homme est une intelligence
servie par des organes.* Dans tous ses ouvrages, il
s'efforce de trouver la formule générale des sociétés.
Il pense qu'elle existe dans les idées générales de
pouvoir, de *ministre* et de *sujet,* qui dans la société
civile s'appellent le père, la mère et l'enfant; dans
la société politique, le *pouvoir* ou *roi,* le *ministre*
et le *sujet;* dans la société religieuse, *Dieu,* le
médiateur et les *hommes.*

Cette magnifique et féconde théorie inspire tous
ses travaux; et bien que ces considérations paraissent
parfois un peu élevées et obscures, elles font de lui
un écrivain du premier ordre. Aussi, à son arrivée
en France, en 1804, sa grande réputation l'avait
fait accueillir avec empressement par le monde
savant.

« M. de Bonald, dit Sainte-Beuve dans le *Consti-
tutionnel,* est un des écrivains dont il y aurait le
plus de grandes ou spirituelles pensées à extraire;
on en ferait un petit livre qu'on pourrait intituler :
Esprit ou même *Génie de M. de Bonald,* et qui
serait très substantiel et très original. »

Dans toutes les circonstances, même les plus

difficiles, de sa vie, M. de Bonald se montra toujours profondément chrétien ; et dans ses livres, dans ses ouvrages de polémique aussi bien que dans les débats des Chambres législatives, il fut toujours et partout le courageux défenseur des principes religieux. En butte à toutes les attaques, à toutes les calomnies de la mauvaise presse, il combattit vaillamment, sans craindre l'impopularité, qui effraye souvent des caractères moins bien trempés : « Le poste où l'on peut souvent avec le moins d'avantages pour soi-même, ou même le plus de désagréments et de dangers, défendre le mieux la religion et la royauté, les mœurs, la société tout entière contre son ennemi le plus dangereux, la licence des écrits, est, dit-il, le poste le plus honorable. »

Les traits qui nous prouvent la fermeté et l'ardeur de sa foi sont nombreux dans sa vie ; nous en citerons quelques-uns.

Un jour, il refusa de vendre un de ses plus importants ouvrages à un libraire qui lui offrait des conditions meilleures qu'un autre. La raison qu'il en donna est remarquable et d'un grand exemple : c'est que ce libraire vendait aussi de mauvais livres, et qu'il ne voulait pas contribuer à favoriser son commerce impie.

En 1829, M. de Bonald, retiré dans sa solitude près de Millau, apprend que Charles X avait signé l'arrêt qui proscrivait les jésuites ; il s'écrie aussitôt : « Dieu veuille que son arrêt n'ait pas été signé dans le ciel ! »

« La compagnie du diable, écrivait-il à M. de

Maistre, ne peut reculer que devant la Compagnie
de Jésus ; et nous avons des hommes très nobles
et très influents qui aimeraient mieux revoir les
Cosaques à Paris que les jésuites. »

« C'est qu'il était persuadé, ajoute son fils, que
tout ce que les gouvernements font contre la religion, ils le font contre eux-mêmes. »

Tous les ouvrages de ce profond penseur ont pour
but la défense de la société religieuse, et sa conduite
privée, comme sa vie politique, fut toujours en
parfaite harmonie avec sa doctrine : « Il y a en lui,
dit M. J. des Aperts, le philosophe, le théoricien et
l'homme politique. Mais pas un seul moment de sa
vie n'est venu infliger le moindre démenti à la
moindre de ses théories... Sa vie et ses œuvres
forment un faisceau qu'il ne sera jamais donné à
personne de diviser. » Et son fils ajoute : « Ceux qui
l'ont connu savent combien il était indulgent pour
les personnes. »

C'est dans le pays qui l'a vu naître que M. de
Bonald passa les dernières années de sa vie, dans
la méditation des grandes vérités qui avaient fait
l'occupation de sa vie. Il s'éteignit dans la retraite,
le 21 novembre 1840, à l'âge de près de quatre-vingt-
sept ans, fortifié par cette foi catholique à laquelle
il avait voué son beau talent dans sa carrière politique et privée

Voici quelques extraits de ses ouvrages, où le
savant philosophe nous prouve ses sentiments chrétiens.

« Les écrivains qui depuis un siècle ont fait de la
religion chrétienne, et surtout de la religion catholique, l'objet de leurs sarcasmes, de leurs sophismes
ou de leurs déclamations, ont tous supposé que
jusqu'à cette bienheureuse époque, pompeusement
décorée du nom de *siècle de lumières*, le monde
chrétien avait été dans l'erreur; que l'enseignement
religieux n'avait été que mensonge et imposture, la
foi des peuples qu'esclavage et aveuglement, la piété
qu'hypocrisie ou faiblesse d'esprit; qu'eux seuls
avaient porté les lumières dans les ténèbres et mis
les hommes sur la route de la vérité, ou plutôt hors
des voies de l'erreur et d'une honteuse crédulité;
car ces hommes ne se sont chargés que de démolir
sans rien mettre à la place, et en annonçant pour
une autre époque de nouvelles constructions, ils ne
se sont pas du tout occupés de ce que deviendrait
la société pendant l'intérim... »

« Je l'ai donc vue, cette religion tant calomniée,
parler au cœur des hommes les plus simples comme
à l'esprit des plus éclairés; inspirer à tous les
dévouements les plus généreux et les sacrifices les
plus pénibles à la nature, les sacrifices qui sont la
plus grande force de l'homme : le mépris des richesses,
des grandeurs, des douceurs de la vie, de la vie
elle-même; envoyer ses missionnaires aux extré-
mités du monde, chez des peuples barbares; combattre toutes les erreurs et braver tous les périls. Je
l'ai vue appeler le sexe le plus faible à consacrer sa
vie entière aux soins les plus rebutants du soulage-
ment des infirmes ou de l'éducation de l'enfance;

ouvrir des asiles à ceux qui ne veulent pas du monde
ou dont le monde ne veut pas, et les y employer au
service ou à la sanctification des hommes ; obtenir
de l'opulence ces fondations pieuses où sont servies
et soulagées toutes les misères humaines. Je l'ai
vue régner sur les sociétés les plus fortes et les plus
éclairées qui furent jamais ; multiplier enfin, si les
gouvernements ne la contrariaient pas, ses bienfaits,
ses secours, ses services, à mesure que la déprava-
tion des mœurs, le désordre des doctrines et la haine
de ses ennemis augmentent, toujours féconde et
toujours jeune, car une religion qui après dix-huit
cents ans inspire tant de dévouements ne fait que
commencer.

« A la vue de tant de prodiges et de tant de bienfaits, j'ai regardé non comme une opinion fausse,
mais comme une opinion absurde, que cette religion
n'eût été qu'une grande imposture et une longue
erreur ; et, sans demander à son enseignement la
démonstration de la vérité, je me suis demandé à
moi-même si, la religion étant une société et la
mère de toutes les autres, l'homme ne pouvait pas
trouver dans la constitution naturelle et générale de
la société la raison des croyances religieuses qu'il
ne découvrait pas en lui-même et dans la raison
individuelle ; je me suis demandé si la facilité avec
laquelle le christianisme s'est propagé à sa naissance
chez les peuples païens, et de nos jours chez les
peuples sauvages, ne prouvait pas, indépendamment
des œuvres surnaturelles qui ont pu accompagner
sa prédication, qu'il y a dans les croyances même

les plus mystérieuses quelque chose qui s'assimile aux pensées, aux sentiments de l'homme social, même à son insu, pour les éclairer et les diriger.

« ... On demandera peut-être pourquoi il y a tant d'incrédules et d'ennemis de la religion, si elle est prouvée à la fois par la raison et l'autorité. La réponse est facile : il y a longtemps qu'on a dit que s'il résultait quelque obligation morale de la proposition géométrique que les trois angles d'un triangle sont égaux à deux angles droits, cette proposition serait combattue et sa certitude mise en problème. Même quand l'esprit consent aux vérités religieuses, le cœur trop souvent s'y refuse ; et, si la philosophie peut éclairer l'esprit, la religion seule a le pouvoir de changer les cœurs ; et puis il y a si peu d'hommes qui aient la force de suivre toute leur raison !...

« La religion nous apprend que nous avons tous été créés par la même *cause*, perfectionnés par le même *moyen*, appelés à la même *fin*, tous faits à l'image et à la ressemblance de l'Être souverainement parfait, tous doués de la faculté de connaître et d'aimer. Elle nous donne à tous le même Dieu pour *père*, la même société pour *mère*, tous les hommes pour *frères*, le même bonheur pour notre commun *héritage*. Elle fait donc réellement et à la lettre, du genre humain tout entier, un État, une société, une famille, un peuple de frères et de concitoyens. Elle renferme, dit Bossuet, « les règles de la justice, de la bienséance, de la société, ou, pour mieux parler, de la fraternité humaine. »

« Ainsi, elle ennoblit l'homme le plus obscur, elle

relève le plus faible, elle n'ôte pas même au plus
coupable le sacré caractère dont elle l'a revêtu; et,
sans faire de l'homme un Dieu, elle le fait *enfant
de Dieu,* en même temps qu'elle le fait *frère* de
l'homme, puisqu'elle fait de l'amour du prochain un
commandement égal, pour l'importance et la nécessité, à celui de l'amour de Dieu même, et jamais
l'homme ne pourrait même imaginer des titres plus
augustes à sa dignité, des motifs plus puissants à
ses vertus, de plus précieux gages de ses espérances, de plus forts liens pour la société. »

Dans son traité du *Divorce* considéré au xix° siècle,
que M. Naquet n'a sans doute pas lu, M. de Bonald
parle ainsi de l'indissolubilité du mariage : « La
société domestique n'est point une association de
commerce, où les associés entrent avec des mises
égales, et d'où ils puissent se retirer avec des résul-
tats égaux. C'est une société où l'homme met la
protection de la force, la femme les besoins de la
faiblesse; l'un le pouvoir, l'autre le devoir; société
où l'homme se place avec autorité, la femme avec
dignité, d'où l'homme sort avec toute son autorité,
d'où la femme ne peut sortir avec toute sa dignité;
car de tout ce qu'elle a apporté dans la société, elle
ne peut, en cas de dissolution, reprendre que son
argent. »

BRUCKER (RAYMOND)

LITTÉRATEUR

(1805-1875)

> « J'ai été un Lazare épris du tom-
> beau ; mais Jésus a fait ôter la pierre
> et m'a commandé de sortir. »
> (R. BRUCKER.)

La figure de Raymond Brucker, dit J. Chantrel,
est une des plus originales de ce temps-ci ; plus cet
énergique chrétien a vécu obscur, plus il importe
de le faire bien connaître, d'autant plus que les
journaux de la mauvaise presse ont essayé de défi-
gurer ce caractère et ce talent en ne parlant que du
bohème littéraire, et en laissant dans l'ombre plus
de trente ans de cette belle vie ; comme si Brucker
n'avait été chrétien que dans les derniers jours de
sa vieillesse. Le chrétien les gêne ; ils ne veulent
que du bohème.

Raymond Brucker fut un littérateur distingué ; et
sous le pseudonyme de Michel Raymond, qui cachait
la collaboration de Michel Masson, son ami, il écrivit
d'abord des romans qui eurent un grand succès,
puis collabora au *National* sous Armand Carrel et

à plusieurs autres journaux. Écoutons L. Veuillot :

« Raymond Brucker avait trente ans lorsque je l'entrevis chez Latouche, rédacteur en chef du *Figaro*. J'en avais dix-sept, et je faisais très malheureusement mes premières armes. Latouche protégeait alors Félix Pyat, autre débutant que je voyais assez... Quant à Brucker, nous le regardions passer avec le respect que nous inspirait un homme déjà imprimé. Il était auteur du *Maçon,* et je crois, des *Intimes,* romans fameux. Dans ce moment-là, au lendemain de la révolution de Juillet, il faisait de la politique et demandait la tête des ministres. L'un d'eux, M. de Peyronnet, ayant connu ce vœu, lui envoya son portrait, avec un quatrain où il lui disait que, n'étant pas libre de lui porter sa tête, il le priait de se contenter de la copie. Brucker trouva que le ministre « parjure » avait plus d'esprit et de courage que les innombrables sots occupés à clabauder des cris de mort qui profitaient surtout aux vainqueurs. Il remercia le ministre prisonnier de la clémente leçon qui lui faisait comprendre sa folie. Ce fut le point de départ de réflexions dont sa conversion religieuse fut le résultat.

« Brucker était un incrédule de 1830, c'est-à-dire un fanatique d'incrédulité. 1830 fut un pillage et un gaspillage de toutes les choses de l'esprit, accompli avec une sorte de ferveur. Pendant quelques années, on crut vraiment à l'incrédulité ; on crut qu'elle était une source de force et de vie, d'où jailliraient des merveilles. Cette dévotion eut ses apôtres, presque ses martyrs.

« Ce qui fut véritablement fort en 1830, c'est le petit nombre d'hommes qui eurent de bonne heure l'avantage de se tirer de l'esprit dans lequel ils étaient nés pour rester ou redevenir fidèles au vieil esprit chrétien et français. Ceux-là eurent à combattre la foule et eux-mêmes... Cet avenir s'offrait à Brucker et d'abord l'effraya. Le sacrifice sans doute n'est rien, une fois accepté. A la fin de la vie, il paraît avoir été une occupation féconde en joie et en gain dont on est aussi fier que reconnaissant ; mais on en juge autrement, lorsqu'il faut s'y résoudre au cours d'une carrière qui s'est marqué un but tout différent. En 1830, Brucker était un homme de lettres applaudi, et pouvant se croire de l'importance. Victor Hugo, Honoré Balzac, Mme Sand, pensaient bien réformer le monde. Raymond n'avait pas de moindres prétentions ; il se croyait sur les voies de la fortune et de la gloire. Une conversion l'en détournait. »

A ce propos, citons de Paul Féval, — autre chrétien qui s'ignorait, — ces quelques lignes d'un de ses plus beaux livres, *la Mort d'un père*, deuxième épisode des *Étapes d'une conversion*, qui est l'histoire la plus charmante, la plus vraie, la plus étendue que nous connaissions de Raymond Brucker :

« Je vais vous raconter l'histoire d'une intelligence et d'un cœur. Mon ami s'appelait Jean, — c'est ainsi que Paul Féval nomme Raymond Brucker tout le long de son livre ; — son nom de famille importe peu. Avant de tourner ses yeux vers Dieu, il avait dépensé une longue vie à regarder les

hommes pour faire fortune et gagner de la renommée...

« Jean était un de ces esprits, de plus en plus rares
de nos jours, qui pensent encore leur propre pensée
au lieu de ravager celle d'autrui... Ce livre fut écrit
presque sous sa dictée.

« Il m'arriva un jour de lui dire à propos du titre
de ce livre :

« — Pour bien des Français, je crois qu'il faudrait mettre : *les Étapes d'un converti.*

« — A notre insu, me répondit-il, nos joies et
nos douleurs, nos triomphes et nos défaites nous
rapprochent de Dieu. Ce n'est pas nous qui mar-
chons vers la conversion, c'est la conversion qui
vient à nous. J'ai voulu marquer, les diverses sta-
tions de la mienne, et marquer étape par étape, ce
mystérieux voyage de la Grâce divine à la rencontre
d'une pauvre âme... »

Plus loin, Paul Féval dit encore, et c'est Jean
(Raymond Brucker) qui parle :

« Ce livre s'appellera *les Étapes d'une conversion.* Ne discute pas le titre, je te l'expliquerai. Tu
ne donneras point l'œuvre au public comme étant
complètement de toi ; le public, dès le premier mot,
devinerait derrière toi un autre que toi ; mais tu
reproduiras loyalement nos présentes conventions,
qui te serviront de préambule.

« *Tu me désigneras sous le nom de* JEAN tout
court. J'ai nourri très longtemps l'espoir et l'ambition de rendre mon nom de famille illustre ; je n'ai
pas pu, tu le diras.

« Tu diras aussi que j'ai fait quelque bruit, un vain bruit, dans un genre de littérature qui est le tien, qui a eu son heure et ses hommes, mais qui était déjà en décadence de mon temps. Ce genre, très difficile par le haut, est trop facile par le bas et devait tomber jusqu'aux mains de ceux qui ne savent pas l'orthographe; il va, il ira surtout se vulgarisant, s'abêtissant et se salissant...

« Mon maître, la réputation que j'avais acquise dans ce genre m'a fait honte, parce que j'ai vu qu'elle ressemblait un peu à d'autres renommées qui me faisaient pitié.

« Je l'ai posée sans bruit derrière une borne, et je me suis lavé les mains.

« Si quelqu'un la trouvait par hasard, qu'il soit prié instamment de ne me la point rapporter. Je n'en veux plus.

« Un jour ou l'autre tu feras comme moi... »

Il y a là de l'esprit et du cœur : l'esprit et le cœur de deux hommes qui en avaient beaucoup.

On sent que de tels changements d'idées font changer de vie et de chemin. Plus de hourras, plus de profits, pas même d'appointements ! La dérision, le dédain, l'oubli, probablement la misère, voilà les suites naturelles d'une conversion. Elles inquiétaient l'homme qui avait demandé la tête des ministres. « La tête, disait-il plus tard, on n'y tenait pas par-dessus tout; mais c'était une façon noble de faire entendre qu'on accepterait la place. »

L'ambition cependant n'était au fond qu'un prétexte à garder sa liberté, qu'il sentait compromise

par les demandes que Dieu faisait à son cœur. Il
voulait (lui-même employait cette expression d'une
sévérité railleuse) *rester le propagateur des vices
dont il était le produit.* « Dieu, disait-il encore, ne
nous prend pas en traître. Qnand son esprit com-
mence à travailler sérieusement le nôtre, il nous fait
voir toute la peine et nous cache souvent toute la
douceur. Quant à moi, du moins, ce fut ainsi. Je
refusais de me rendre. Je ne sentais point l'abjection
des choses qu'il fallait abjurer, ou j'en sentais l'abjection et je n'en sentais pas l'horreur. Dieu me pa-
raissait dur et révoltant; je fus contraint de mettre
les pouces comme un criminel que l'on mène en
prison. J'ai dû me convaincre de beaucoup d'amour
pour la pourriture. Certes, j'ai été un Lazare épris
du tombeau ; mais Jésus m'avait fait ôter la pierre
et me commandait de sortir. »

Las d'une vie agitée, dit J. Loiseau, où il s'occupait de tout, excepté de son âme, instruit par de
nombreuses déceptions, ses illusions disparurent
enfin, et il sentit qu'il avait besoin de Dieu.

Errant un soir à l'aventure, l'âme préoccupée de
cette pensée, il se rendit chez un ami, un artiste,
un homme de génie : c'était Delsarte.

Delsarte, non plus, n'était pas chrétien ; mais lui
aussi aspirait à l'être, inconscient même de ses désirs, et cherchant vaguement ce quelque chose sans
lequel toute âme demeure fatalement sombre, triste
et glacée. Quand Brucker entra, Delsarte avait le
doigt sur une touche de son piano...

« Que fais-tu là? lui dit Brucker.

— Écoute. »

Brucker n'était pas musicien et n'avait pas l'oreille
très musicale ; mais son ami ne lui fit pas moins
comprendre qu'il se trouvait en face d'un incompré-
hensible mystère.

« N'entends-tu pas, lui disait Delsarte, ce *la*
que je viens de frapper?

— Oui.

— Et tiens ! ce son se subdivise en trois sons
parfaitement distincts : le *la* que je frappe, puis la
dominante du *la*, le *mi*, qui est engendrée par la
tonique, et de cette tonique et de cette dominante
un autre son procède, déterminant le son de la note,
c'est le *do dièse* ou la médiante ; et ces trois sons
simultanés donnés par une seule corde, mariant
leurs vibrations, nécessaires l'une à l'autre et ne
produisant qu'un seul son, comment m'expliques-tu
cela, Brucker ?

— Dame ! cela ressemble furieusement à ce qu'on
nous enseignait au catéchisme, et qu'on appelait le
mystère de la Trinité.

— Oui, mais nous avons tant dit qu'il était
absurde !

— *Oui, absurde comme ta tonique engendrant
sa dominante, et ta médiante procédant des deux
autres. C'est peut-être bien nous qui sommes
absurdes.*

— Peut-être.

— Si nous allions nous confesser? »

Ils y furent. Et depuis lors jamais ni l'un ni

l'autre n'ont rien cherché. Ils avaient tout, et quand
on a tout, il n'y a plus rien de reste.

C'était vers 1839.

« Je ne l'avais pas revu depuis 1830, continue
L. Veuillot. Je le retrouvai chrétien. Il était malade
et définitivement pauvre, mais d'une solidité éternelle. Attaché à la recherche de la vérité, il avait
négligé la littérature, son unique gagne-pain. Il en
était venu à ne pouvoir plus rien faire qui eût cours
au marché. Ce qu'il produisait semblait trop bizarre,
et l'était en effet. Les débitants n'en voulaient pas.
Il avait comme perdu le talent d'écrire pour les
journaux et le public. La forme n'était plus en harmonie avec sa pensée. Pour ses anciens amis, il était
devenu obscur ; les nouveaux, peu nombreux, le
suspectaient... Une transformation singulière s'était
opérée, dont il ne pouvait se rendre compte à lui
même. Il n'était plus écrivain, il était orateur. A la
place du talent d'écrire, il avait excellemment le don
de parler devant un auditoire quel qu'il fût ; un feu
vif, éclatant, impétueux. Il lui fallait sous les yeux
la figure vivante, orgueilleuse de l'incrédulité. Alors
il avait toute sa valeur, et je peux dire tout son
génie. Il exposait avec clarté, discutait avec ordre,
pressait, exhortait, raillait terriblement. Rien n'était
plus ingénieux, plus soudain, plus redoutable et plus
persuasif que Brucker dans les combats improvisés
qu'il livrait partout.

« Lorsqu'il se connut cette force surprenante, il
n'eut plus d'autre dessein que de l'exercer, et il de-

vint le chevalier errant du bon sens chrétien sur le
pavé de Paris. Assez content de posséder la vérité
et de la confesser, il chercha des disputes ; ce fut
son but. Tout lieu, tout temps, tout adversaire, tout
accueil, lui étaient bons. Il dînait quand et comme
il le pouvait ; son affaire, son service, étaient de
parler de Dieu et de l'Église. Il faisait son service
et laissait à Dieu de lui procurer le nécessaire,
comptant pour rien le superflu.

« Dieu fit le nécessaire, et Brucker, toute sa vie,
continua de parler sans relâche et sans gloire, mais
non sans succès. Dans les clubs de science ou de
politique, favorables ou contraires, tantôt pour la
foule, souvent pour un seul individu, il tenait son
perpétuel discours perpétuellement varié. Dieu faisait
ensuite le perpétuel miracle du pain quotidien de
son serviteur. Il m'est arrivé souvent de voir ces
traits de la Providence.

« J'ai eu l'honneur plusieurs fois de porter l'aumône de Donoso Cortès, ambassadeur d'Espagne à
Paris, qui manquait de chemises, à Raymond Brucker, avocat de Dieu, qui manquait de pain. Ces
deux grands orateurs agissaient, en ces rencontres,
aussi humblement, aussi noblement l'un que l'autre.
Donoso Cortès donnait avec respect, de la part de
Dieu, ce qu'il devait à son frère ; Brucker recevait
avec reconnaissance et tranquillité, de la part de
Dieu, ce que son frère lui donnait. Tous deux
étaient de vrais et grands serviteurs de la vérité !

« Aux funérailles de Donoso Cortès, Brucker parut
serein et gai, comme de coutume. Je lui dis qu'il

5

perdait bravement une rente. « J'en ai le droit,
me dit-il ; je viens ici me réjouir, parce que Dieu
récompense mon ami et achève de payer ma dette. »

« Dieu payait aussi à Brucker. Il a travaillé pendant quarante ans pour la gloire et l'amour de Dieu,
avec talent, courage et grandeur. Il a été l'orateur
assurément le moins remarqué, mais assurément
aussi l'un des plus remarquables de ce temps, et le
plus ferme esprit et le plus grand cœur qu'on pût
voir. Le clergé, qui a toute intelligence et tout dis-
cernement, le faisait parler dans les églises aux
réunions de Saint-François-Xavier. Il y était aussi
digne qu'il savait en d'autres lieux se rendre pi-
quant... Il était plein d'érudition, de ressources
d'à-propos, et se servait de l'Évangile en théologien.
Beaucoup des prêtres, des plus savants et des plus
respectables, ont été ses amis. C'est grâce à eux surtout qu'il a pu ne pas mourir de faim tout à fait. Ils
ne l'ont pas empêché d'être pauvre ; comme lui-
même, ils respectaient sa pauvreté, dont ils con-
naissaient le mérite et le prix. »

On ferait un volume de ses reparties.

Je n'en veux citer que quelques-unes.

Un jour, dans je ne sais quelle réunion prétendue
littéraire et scientifique, il avait parlé de l'Incarnation. Un membre prit la parole après lui, et, parmi
beaucoup de dédain et d'invectives fort peu parle-
mentaires, il dit qu'il n'admettait pas cette fable
de l'Incarnation; qu'il lui suffisait de sentir et
d'adorer Dieu dans son cœur. Ce discours fini et

applaudi, Brucker répondit sans quitter sa place :
« Monsieur ne comprend pas l'Incarnation d'un
Dieu dans la nature humaine, mais Monsieur admet
le séjour de Dieu dans l'individu. Ce n'est pas l'Incarnation, c'est l'*encanaillement*. Si nous allons
visiter Dieu par là, prenons du vinaigre des quatre-
voleurs. »

Il était plein de ces saillies, de ces hardiesses
appropriées à ceux qui l'écoutaient. Souvent elles le
rendaient vainqueur là où la raison semblait devoir
échouer. Un fois, en 1848, dans un club, on le
mit en joue, toute la salle était contre lui. Il les
regarda de sang-froid et les ramena d'un seul mot que
je n'ose redire, quoique V. Hugo l'ait rendu classique
dans un récit de bataille. Cette fois-là, Brucker se
vit offrir la présidence[1].

Un de ses anciens amis lui disant un jour que la
foi chrétienne, qui avait pu être utile aux siècles de
barbarie, devenait une superfétation à cette époque
de clartés nouvelles, et que l'homme aujourd'hui
n'avait plus besoin de la révélation pour y voir clair,
Brucker lui mit un livre quelconque entre les mains,
et l'invita à en lire une page. Pendant qu'il lit,
notre ami se précipite vers la fenêtre, et ferme les
volets d'un geste rapide.

« Que diable faites-vous ? lui dit l'autre.

— Eh ! mon cher, je vous livre à vos propres
lumières. »

On vint lui dire un jour qu'un personnage de sa

[1] Louis Veuillot.

connaissance était sur le point de mourir et refusait obstinément le ministère d'un prêtre. Brucker y court :

« Eh bien ! mon pauvre G..., ça ne va donc pas ? Savez-vous qu'on m'a fort étonné en me disant que vous vouliez partir de ce monde sans faire un brin de toilette ?

— Écoutez, Brucker, lui répondit le mourant ; je vous crois chrétien, et chrétien sincère, et je vous trouve heureux de croire. Je voudrais croire aussi, mais je ne le puis pas. Si vous pouvez me démontrer l'existence de Dieu comme un théorème de géométrie, je vous promets de me confesser.

— *Que vous êtes bête,* grand Dieu ! lui répond Brucker, de me demander de vous prouver l'existence de Dieu comme on démontre un théorème de géométrie !

— Et pourquoi pas ? Vous voyez bien que cela ne peut pas se prouver ?

— Mon pauvre G..., la maladie vous a fait perdre la boussole. Sur quoi, je vous prie, repose la science de la géométrie ? Vous devez le savoir, vous qui êtes un grand mathématicien.

— Sur quoi ? dame, sur... sur..., répond l'autre, pris au dépourvu.

— Allons, je vois que vous l'avez oublié. Elle repose sur une triple notion : la surface, qui est la négation de la profondeur ; la ligne, qui est la négation de la profondeur et de la largeur ; et le point, qui est cette double négation, plus celle de la longueur. Et vous voulez que je traite la théologie qui possède la triple affirmation du Père, du Fils et de l'Esprit-Saint, la lumière, la puissance et l'amour, comme la géométrie qui s'asseoit sur le trépied du néant ! Allons donc, mon pauvre G..., vous n'êtes qu'un imbécile. »

L'argument fit effet, et le malade se confessa, dit J. Loiseau.

Dans une autre circonstance, comme H. de Jouy exaltait devant lui les conquêtes de la science moderne, et en particulier les merveilleuses découvertes de la phrénologie, et comme il lui disait : « La dimension du crâne est un indice certain des proportions de l'intelligence, » Brucker, qui avait une tête énorme, prit son propre chapeau et l'enfonça vivement jusqu'au menton du respectable M. de Jouy en lui disant : « Monsieur, vous avez parfaitement raison. »

Il m'a été donné d'entendre plusieurs discours de Brucker, dit à son tour M. Léon Gautier, et je ne saurais jamais les oublier. Il fut dans la force du mot un orateur populaire, et certains auditeurs musqués ne lui eussent pas convenu. Il procédait le plus souvent par récits ou par paraboles. Il « racontait des histoires », et en quatre ou cinq mots incisifs il en tirait la moralité. Jamais il ne recula devant une affirmation catholique ; il n'était pas de ces catholiques prudents qui recommandent aux orateurs populaires « de ne pas parler du bon Dieu ». Il en parlait sans cesse, il en parlait partout, et surtout de ce Jésus qui lui avait rendu Dieu

visible. Je l'ai vu s'élever, devant un auditoire de
cordonniers et de maçons, aux plus hautes théories
de la métaphysique. Des académiciens ne l'eussent
peut-être pas aussi bien compris, et l'on s'aperçut
que ces pauvres gens ont vraiment le sens de la
grandeur.

Il est temps cependant de laisser la parole à celui
dont nous avons voulu tracer ici le portrait. « Nous
allons, d'après nos souvenirs, dit M. Léon Gautier,
et ceux de nos amis, reconstruire deux discours de
Raymond Brucker. C'est jaune, c'est incolore, c'est
sépulcral; et pourtant ce fut jadis le reflet vivant
d'un être vivant. Telle sera tout d'abord l'esquisse
de ce beau discours que l'on pourrait intituler : *le
Genre humain,* et que Ráymond a longtemps médité avant de le prononcer à Saint-Laurent :

« En ce temps-là, Messieurs, le genre humain
tout entier (celui qui a été, celui qui est, celui qui
sera) se réunit en une grande plaine, et il convoqua
tous les philosophes présents, passés et à venir.

« Et le genre humain parla ainsi aux philosophes :

« — J'ai lu tous vos ouvrages. Oui, tous. Et je
dois dire que je me suis effroyablement ennuyé.
J'en bâille encore. »

« Le genre humain bâilla, en effet, et rien n'était
plus terrible que ce bâillement du genre humain.
Il reprit en ces termes : « J'ai donc lu tous vos
ouvrages, afin de pouvoir répondre à cette grande
question qui me tient en fièvre et en angoisse :
Qu'est-ce que la vérité? Et, après les avoir lus et
relus, je me suis trouvé en de lugubres et épouvan-

tables ténèbres. J'en savais bien moins qu'avant.

« Je vous ai donc convoqués pour vous poser de nouveau le grand problème qui m'agite et pour vous adresser trois demandes. Veuillez, si vous le pouvez, m'écouter en silence. »

« Les philosophes écoutèrent, et le genre humain leur dit : « Je veux tout d'abord (j'ai bien le droit de vouloir, je suppose), je veux un livre, un petit livre de dix à vingt pages, qui me contienne *toute* la vérité sous une forme très élémentaire et tout à fait transparente ; un petit livre qui puisse se mettre en poche et ne coûte que dix centimes ; un petit livre qui soit également à la portée du penseur, du poète et aussi de ces multitudes vulgaires qui vivent uniquement de la vie pratique et matérielle. Tel est le livre, telle est la leçon que je veux. »

« Les philosophes se regardèrent avec stupeur, et se dirent d'un commun accord : « Est-il bête, ce genre humain ! Ne s'imagine-t-il pas que nous possédons la vérité ? Mais, si nous l'avions, ce ne serait certes pas à ce prix-là que nous la vendrions. »

« Et plusieurs d'entre eux commencèrent à s'effacer et à disparaître.

« Le genre humain, sans les voir, continua en ces termes :

« — Non seulement je veux que vous me donniez la théorie, mais je prétends que vous m'offriez l'exemple. Non seulement je veux un petit livre populaire qui contienne toute la vérité en dix pages et qui la vulgarise universellement dans le temps et dans l'espace, mais je veux qu'il vienne un jour quelqu'un pour m'offrir l'exemple de toutes les vertus qui sont enseignées dans ce petit livre. Et je veux que cet exemple puisse être imité aisément par l'homme, par la femme et par l'enfant, ces trois membres augustes de la trinité humaine.

« Pouvez-vous me donner le livre ? Pouvez-vous me donner l'exemple ? »

« Les trois quarts des philosophes avaient déjà disparu. Et le genre humain, qui s'en aperçut, commença à être triste dans son cœur.

« — Ce n'est pas tout, dit-il encore. Non seulement il me faut une leçon, non seulement il me faut un exemple immortel, mais j'ai encore besoin d'une immortelle institution qui réponde à la fois à ces trois idées : science, richesse et dévouement ; une institution qui s'appuie sur la science, qui mette la richesse à son service, et qui ait le dévouement pour essence ; une institution qui garantisse et perpétue la leçon et l'exemple en les rendant éternellement vivants sous mes yeux. »

« Quand le genre humain eut achevé ces mots, il jeta un regard sur les philosophes.

« Épouvantés, tous s'étaient enfuis.

« Alors le genre humain, le pauvre genre humain, se mit à fondre en larmes. Et il se roulait par terre, désespéré de ne pouvoir posséder la vérité aimée, et de n'avoir ni la leçon, ni l'exemple, ni l'institution.

« Et comme il était assis dans sa douleur, il aperçut soudain, en je ne sais quel coin, une espèce d'homme, vêtu d'une espèce de blouse, qui portait sur ses épaules une espèce de poutre, un gros morceau de bois tout sanglant. Cette poutre était traversée d'un autre gros morceau de bois, comme qui dirait une croix. Et l'homme avait ses beaux cheveux blonds tout couverts de sang. Le sang lui tombait sur les yeux. Le sang lui coulait à grosses gouttes sur tout son corps.

« Et il regardait le pauvre genre humain si doucement, si doucement, si doucement !

« Puis il s'avança, avec quelle lenteur, avec quelle majesté ! Il marchait, portant ce bois énorme. Et il dit d'une voix si tendre, si tendre : « Tu veux la vérité ? Je te l'apporte. Tu veux un petit livre qui contienne en dix pages *toute* la vérité et qui soit compris de tous ?

« Tiens, prends ce petit livre. »

« Et, à la première page, le genre humain lut : *Catéchisme.*

« L'homme continua : « Tu m'as demandé non seulement une leçon, mais un exemple vivant. Tiens, regarde-moi. Je suis ton Dieu qui s'est fait homme pour t'offrir un type éternel et te conduire à la béatitude.

« Et enfin tu m'as demandé une institution. Tiens, prends, *voici l'Église.* »

« Et le genre humain tomba à genoux et adora *Jésus-Christ.* »

« Il fallait entendre Brucker prononcer cet incomparable discours avec une sorte de brutalité fiévreuse ; il fallait surtout lui entendre jeter à son auditoire cette parole si simple et si profonde, qu'il plaçait sur les lèvres de Jésus-Christ : « Tiens, voilà l'Église. » On a dit que parfois il s'arrêtait à ce mot sans avoir besoin de rien ajouter. Mais, de toute façon, l'effet était saisissant, et jamais le P. Lacordaire n'a laissé sous l'empire d'une aussi forte impression le public d'élite qui se pressait sous les voûtes de Notre-Dame [1]. »

Dans toutes ses discussions, dit L. Veuillot, Brucker partait de cette règle assurée : « Tout homme, disait-il, qui s'obstine à n'être pas catholique, apostolique, romain ; cet homme, fût-il un puits de science, s'abuse, et, eût-il tout l'esprit du monde, *est bête*. Il finira par en convaincre la terre, et, bien plus, par se l'avouer à lui-même. A l'entrée de l'éternité, il s'écriera : *Ergo erravi*, j'ai donc été un sot ! L'Écriture nous en donne l'assurance, et Tertullien ajoute : *un sot éternel*. Prévenons-en tout de suite les gens de mérite qui s'amusent à pré-

---

[1] Vo'ci un autre de ses discours contre le système parlementaire, qu'il détestait souverainement : « Un jour, Messieurs, le bon Dieu réunit le Corps législatif des anges et lui soumit le budget de la création :

« — C'est donc, leur dit-il, que je voudrais créer le monde, et il faut s'attendre à quelques dépenses. Et, tout d'abord, je voudrais donner sept couleurs à l'arc-en-ciel. » (Murmures à gauche, bruit au centre.)

« Un membre du centre gauche demande la parole et prouve qu'il serait plus raisonnable de ne donner à l'arc-en-ciel qu'une seule couleur. (Adopté.)

« — Maintenant, dit Dieu, je voudrais créer la rose, et pour qu'elle fût belle et agréable à voir, je voudrais lui donner cent feuilles. » (Protestations à gauche, murmures au centre, bruit à droite.)

« Un membre du centre droit fait remarquer qu'une ou deux feuilles suffiraient parfaitement. (Adopté.)

« Le bon Dieu propose alors son budget des cultes : « Il me faut, dit-il, tant d'églises, tant d'évêques, tant de prêtres, tant de sacristains, etc. » (Tempête effroyable dans la salle, clameurs. Le budget des cultes est refusé.)

« Dieu alors s'indigna, fit un coup d'État et décréta la *Création*. »

tendre que le Saint-Esprit les menace pour rire, et a voulu les instruire de ce qu'ils ne savaient pas. Ils diront : *Ergo erravimus*, je le certifie. S'ils se fâchent, tant pis pour eux; je les avertis comme Dieu m'en donne l'ordre, et comme eux-mêmes m'en donnent le droit. Je veux bien qu'ils sifflent ma crédulité et qu'ils punissent mon obéissance, mais *je ne veux pas être un sot éternel.* »

Souvent, chez lui, la beauté de la forme relève la beauté de la pensée, et Brucker, qui n'a jamais pu écrire toute une page vraiment parfaite, a des phrases d'une étonnante perfection. Par exemple : « Je ne m'explique Dieu qu'en voyant Jésus-Christ. — J'ai des ailes d'oiseau dès que l'on nomme Dieu. » En décrivant le ciel, il parle « de la transparence des cœurs dans les relations éternelles de l'Infini ». Et, pour exprimer comment le plan divin a été restauré par Jésus-Christ, il dit avec une fière et magnifique concision : « Dieu met sa main dans la balance, et l'équilibre est rétabli. »

Jésus-Christ a d'ailleurs été le résumé de toute cette existence noble et cachée. Il en a été l'amour, le parfum et la vie. Brucker pleurait rien qu'à prononcer son nom, et ce n'est pas en vain qu'il écrivait comme épigraphe, en tête de son grand travail sur l'Évangile, ces admirables paroles : « Dieu est le mot du mystère du monde, Jésus-Christ est le mot du mystère de Dieu. » Bossuet n'eût pas mieux dit.

Sur la fin de sa vie, Brucker, qui aimait la pauvreté, mais qui voyait avec peine souffrir les siens, accepta une petite place dans l'Assistance publique.

Elle lui rapportait quinze à dix-huit cents francs. C'était si peu de chose, qu'il put la remplir comme si elle n'était pas payée, avec un grand labeur et un grand zèle. Après quelques années on jugea bon d'en faire l'économie. Il tomba dans la misère. Le changement ne méritait pas qu'il s'en aperçût : « J'imite M. Thiers, disait-il, je reviens à mes chères études, ou plutôt je les continue. L'Évangile me tient lieu de tout. »

C'est ainsi qu'il est mort en 1875.

BUGEAUD

DUC D'ISLY, GOUVERNEUR D'ALGÉRIE, MARÉCHAL DE FRANCE

(1781-1849)

> « On nous a mal élevés, et nous
> avons fait fausse route, et la société
> s'est perdue. Mais du moins n'ai-je
> pas à me reprocher d'avoir jamais
> attaqué la religion. » (BUGEAUD.)

« Nous avons tous vu le brave Bugeaud, a écrit L. Veuillot. Nous savons qu'il avait la taille des grands citoyens et des grands guerriers, et il a eu la gloire d'être employé à l'œuvre de Dieu. »

Nous ne retracerons pas ici la vie militaire du maréchal Bugeaud, qu'on peut lire dans tous les dictionnaires biographiques modernes; nous dirons seulement que Thomas-Robert Bugeaud de la Piconnerie est une des gloires de l'armée française, et surtout de l'armée d'Afrique. Ce fut en Algérie qu'il conquit ses plus beaux titres d'honneur, notamment à la bataille d'Isly, où, à la tête de dix mille Français, il battit plus de quarante mille Arabes. Ce fait d'armes lui valut le titre de duc d'Isly.

Laissons L. Veuillot, ancien secrétaire du maréchal, esquisser sa vie à grands traits.

« Il faut, disait cet homme de guerre, que nous
fassions une France nouvelle par l'épée et par la
charrue. » J'osais lui répondre qu'il oubliait une
chose, et la plus importante, la croix; que l'épée et
la charrue sans la croix n'auraient pas fait la France.
Il n'avait point encore les hautes idées dont la croix
est la source et le centre. Enfant d'une époque mal-
heureuse, élevé dans les champs et dans les camps,
toujours occupé de luttes guerrières ou politiques,
il avait, comme tant d'autres moins pardonnables
que lui, traversé les choses humaines sans y voir
Dieu, du moins sans voir l'Église de Dieu.

« — On nous a mal élevés, me disait-il plus tard,
lorsque son ferme et juste esprit, réfléchissant sur
nos derniers troubles, y reconnaissait les consé-
quences de l'oubli et du mépris de la vérité première; on nous a mal élevés, et nous avons fait
fausse route, et la société s'est perdue. Mais, repre-
nait-il, du moins n'ai-je pas à me reprocher d'avoir
jamais haï ni attaqué la religion. » C'était vrai et
modeste; il aurait pu ajouter : « Loin de l'attaquer,
je l'ai servie. »

Dieu l'avait traité comme ceux qu'il aime. Il avait
mis dans son cœur des tendresses infinies pour tout
ce qui est bon et pur; dans son âme, des respects
pour tout ce qui est grand; dans sa maison, à son
foyer, il avait placé des vertus simples, douces,
chrétiennes, pleines d'empire sur son cœur.

Ce farouche soldat, dont les journaux se plai-
saient à faire de ridicules et odieux portraits, était
l'époux et le père le plus tendre, l'ami le plus dévoué,

le patron le plus généreux, l'un des hommes à qui j'ai vu le plus aisément oublier l'ingratitude et l'injure... Éloigné, pour le service public, de cette famille si chère et de ses champs si aimés, il allait au combat, portant sur sa poitrine une médaille de la sainte Vierge, que lui avait donnée sa plus jeune fille; et tous ceux qui l'entouraient ont pu se convaincre du prix qu'il attachait à ce talisman. Quel bon sourire illuminait son mâle visage, lorsque le soir, en le quittant, je lui disais : « Maréchal, pensez au Dieu que l'on prie à Exideuil! »

Sans se révéler encore, tout à fait, ce grand Dieu se fit bientôt connaître. Lorsque la bonne situation des affaires militaires en Algérie permit au maréchal de s'appliquer davantage à celles de la colonisation, il vit bientôt que *la vie des sociétés se compose d'une quantité de besoins auxquels la religion seule peut pourvoir.* D'autres, avant lui, avaient repoussé brusquement la main de l'Église, même en présence de ces maux criants et de ces plaies terribles que nulle autre main n'a le privilège de guérir. L'Église s'offrit à lui comme aux autres : il la reçut d'abord, puis il l'encouragea, puis il la seconda. Jamais, sans lui, les trappistes n'auraient pu surmonter les obstacles de leur établissement à Staouëli.

Un pauvre prêtre, ne consultant que sa charité, s'était chargé de faire vivre quelques centaines d'orphelins qui vaguaient dans Alger sans appui et sans asile. Le maréchal admira son zèle et fut bientôt son plus utile patron.

Tout à coup on vient lui révéler un grand mystère,
on avait fait une étrange découverte : ce prêtre était
un jésuite ! En ce moment-là (comme aujour-
d'hui, du reste), les jésuites étaient désignés en
France, par la presse, par la tribune et par les corps
enseignants, comme le plus grand péril pour la
société, et il y avait des gens en Algérie qui les esti-
maient plus à craindre que les Arabes. Le maréchal
se contenta de demander au donneur d'avis s'il se
chargerait des deux cents orphelins que le jésuite
nourrissait.

Vers cette époque, il eut le courage d'écrire la
lettre suivante, qui montre bien ses vrais sentiments
et que nous sommes heureux de publier au moment
où les jésuites viennent d'être expulsés de France.

« Alger, fin de juin 1843.

« Je ne suis ni jésuite ni bigot, mais je suis
humain et j'aime à faire jouir tous mes concitoyens,
quels qu'ils soient, de la somme de liberté dont je
veux jouir moi-même. Je ne puis vraiment m'expliquer la terreur qu'inspirent les jésuites à certains
hommes.

« Quant à moi, qui cherche par tous les moyens
à mener à bonne fin la mission difficile que mon
pays m'a confiée, comment prendrais-je ombrage
des jésuites, qui jusqu'ici ont donné de si grandes
preuves de charité et de dévouement aux pauvres
émigrants qui viennent en Algérie, croyant y trouver
une terre promise, et qui n'y rencontrent tout

Bataille d'Isly.

d'abord que déceptions, maladies et souvent la mort ?

« Eh bien ! oui, ce sont les sœurs de Saint-Joseph et les jésuites qui m'ont puissamment aidé à secourir ces affreuses misères, que l'administration, avec toutes les ressources dont elle dispose, est complètement insuffisante à soulager.

« Les sœurs de Charité ont soigné les malades qui ne trouvaient plus de place dans les hôpitaux et se sont chargées des orphelines.

« Les jésuites ont adopté les orphelins.

« Le P. Bruneau, leur supérieur, a recueilli plus de cent trente orphelins européens, qui, sous la direction de différents professeurs, apprennent les métiers de laboureur, jardinier, charpentier, menuisier, maçon, etc.

« Il sortira de là des hommes utiles à la colonisation, au lieu de vagabonds dangereux qu'ils eussent été.

« Sans doute les jésuites apprendront à leurs orphelins à aimer Dieu. Est-ce là un si grand mal ? Tous mes soldats, à de rares exceptions près, croient en Dieu, et je vous affirme qu'ils ne s'en battent pas avec moins de courage.

« Je ne puis m'empêcher de sourire quand je lis, dans les journaux, l'énumération des dangers dont la corporation des jésuites menace la France. Il faudrait, en vérité, qu'un gouvernement fût bien faible pour redouter quelques prêtres.

« Pour moi, gouverneur de l'Algérie, je demande à conserver mes jésuites, parce que, je vous le répète, ils ne me portent nullement ombrage, et qu'ils concourent efficacement au succès de ma mission.

« Que ceux qui veulent les chasser nous offrent donc les moyens de remplacer les soins et la charité de ces terribles fils de Loyola.

« BUGEAUD. »

Le jour même où l'une de ses pieuses filles lui avait mis au cou une médaille de la sainte Vierge, le général, a rapporté Mgr l'archevêque d'Alger, dînait à Périgueux dans une société nombreuse, fort peu chrétienne, comme la société officielle de ce temps-là. L'évêque du diocèse s'y trouvait pourtant, et comme il exprimait au général son espoir que Dieu protégerait ses armes :

« Ah ! Monseigneur, répond Bugeaud, je ne suis pas un incrédule ; moi aussi j'ai confiance en Dieu, et pour vous en donner la preuve, voici une des armes que j'emporte avec moi. »

Et, en disant ces mots, le gouverneur de l'Algérie tira de sa poitrine la petite médaille suspendue à son cordon.

« C'est une médaille de la sainte Vierge, dont j'ai promis à ma fille de ne plus me séparer. »

Le vieux maréchal a tenu parole, continue le cardinal Lavigerie, et, dans toutes ses guerres d'Afrique, la petite médaille de la sainte Vierge est restée sur son cœur, et Marie s'est plu à récompenser la confiance pieuse de l'enfant et l'acte de foi du vieux maréchal. Il sortit sain et sauf de tous

les périls de ses dix-huit campagnes, où tant de
braves tombèrent à ses côtés, sous les coups des
Arabes. Aussi, lorsqu'il partit d'Alger, voulut-il
garder la médaille en témoignage de reconnaissance.
Elle était encore suspendue à son cou lorsqu'il
mourut, quelques mois après, d'une mort préma-
turée, dans les sentiments les plus admirables ; et
c'est seulement après sa mort que les mains de sa
fille ont repris, avec un pieux respect, l'image de
Marie sur la poitrine du vieux soldat.

Voici un trait qui confirme la confiance qu'il avait
en la mère de Dieu.

Un jour d'expédition, s'apercevant, deux heures
après son départ du camp, qu'il avait oublié sa médaille, il appela un spahis et lui dit : « Mon brave,
ton cheval arabe peut faire quatre lieues à l'heure.
J'ai laissé ma médaille suspendue à ma tente, dans
le camp ; je ne peux pas livrer bataille sans elle.
J'arrête l'armée, et, montre en main, je t'attends
dans une heure. »

Le cavalier partit à toute bride et fut de retour
une heure après. Quand il présenta la médaille au
vieux guerrier, celui-ci la baisa en présence de tout
son état-major, la replaça sur sa poitrine et dit à
haute voix : « Maintenant je puis marcher. Avec
ma médaille, je n'ai jamais été blessé. En avant,
soldats ! allons battre les Kabyles. »

« Ce fut dans ces sentiments, dit le P. Huguet,
que la mort vint le chercher.

« Sa mort a été chrétienne. Dieu n'a pas oublié

que le vaillant soldat avait travaillé à agrandir l'empire de la croix ; il n'a pas oublié surtout les œuvres de charité dont il s'était toujours montré prodigue, et il l'a prévenu de toutes les grâces qu'il accorde à ceux qu'il veut récompenser et bénir. Calme comme en un jour de bataille, le vieux guerrier a vu s'avancer d'un œil ferme le dernier ennemi dont il dût triompher. Il a reçu avec la foi et la simplicité d'un enfant les secours de la religion, et c'est après avoir suivi avec toute la liberté de son esprit les prières des mourants qu'il a rendu à Dieu son âme, purifiée par le sacrement de pénitence.

« Le maréchal aimait passionnément sa famille. La plus grande de ses douleurs a été de n'avoir auprès de lui ni sa femme ni ses enfants. On a pu le deviner, il n'en a point parlé. Aucun de ces noms chéris n'a passé de son cœur sur ses lèvres. Il craignait de faiblir en les prononçant. Seulement on le voyait parfois lever les yeux et les mains vers le ciel. Il se recueillit et fit face à la mort simplement, bravement, sincèrement, et tel en un mot qu'il avait toujours été. Depuis longtemps son âme était toute chrétienne. S'il y manquait encore quelque lumière, elle vint en ce moment-là. Dieu ne tarda pas davantage à se révéler au grand qui s'était plu avec les petits, au puissant qui avait secouru les faibles, à l'homme de guerre qui avait aimé la paix. Ce bon Maître vint donc à lui. Croyant, fervent et tranquille, le maréchal Bugeaud s'était confessé, avait communié, et bientôt après s'était endormi dans l'éternelle paix du Seigneur. »

A propos des sentiments de piété du maréchal Bugeaud à son lit de mort, l'*Univers* a donné les détails suivants :

« En 1849, le maréchal étant à son lit de mort, ce fut son gendre, le général Feray, qui le premier songea, quoique protestant, à faire appeler un prêtre.

« Plus de vingt ans s'écoulèrent, et on put croire que Dieu ne s'en était pas souvenu. Mais Dieu n'oublie que les fautes. Nous apprenons que le général Feray, dont nous avons annoncé hier la mort, a abjuré ses erreurs, malgré la vive opposition de sa famille, et qu'il est mort dans le sein de l'Église catholique romaine. »

CARPEAUX

ARTISTE SCULPTEUR, GRAND PRIX DE ROME

(1827-1875)

> « Si j'avais vécu comme un bon
> moine, je serais devenu l'égal de
> Michel-Ange. Ma plus grande souf-
> france, c'est d'avoir abandonné mes
> devoirs religieux. Si tu veux être
> toujours heureux, sois toujours chré-
> tien. »   (CARPEAUX.)

« Carpeaux n'a pas été, dit M. Meignen, l'artiste
débraillé et cynique que beaucoup s'imaginent, et
ceux qui persisteraient à juger l'homme d'après certaines œuvres du statuaire commettraient une injus-
tice à son égard. »

Jean-Baptiste Carpeaux naquit à Valenciennes
(Nord), le 4 mai 1827, de parents pauvres qui eurent
le mérite de lui faire donner une bonne éducation.
Son père était maçon, et sa mère travaillait à élever
ses deux enfants ; elle a eu la douleur de veiller au
lit de mort de son plus illustre fils.

Ce fut à l'école des Frères, où il passa son
enfance, que se révéla sa vocation. Dans l'inter-
valle des classes, il fouillait le fond des fossés pour
en retirer l'argile qu'il moulait aussitôt en figures

6

bizarres, mais déjà marquées d'un certain cachet. On
jugea qu'il fallait cultiver ces dispositions précoces.
Envoyé à Paris, il eut pour maître le célèbre Rude,
puis Duret et Abel de Pujol. Après son entrée
à l'école des Beaux-Arts, le succès ne se fit pas
attendre.

Il obtint dans la suite quatorze médailles et rem-
porta le prix de Rome en 1854.

Personne n'a oublié le scandale que produisit
dans le monde catholique son groupe de *la Danse*
placé devant la façade du grand Opéra. Nul ne con-
testait le talent de l'artiste; on lui reprochait seulement, et avec raison, d'avoir fait dévier l'art de son
but si noble, en le consacrant à l'expression réaliste
de l'ivresse voluptueuse. C'était sa manière à lui
d'exprimer la vie dans son énergique réalité.

C'est une opinion sur laquelle on peut discuter
dans l'école; mais il ne sera jamais vrai que la
sculpture, pas plus que la peinture, ait le droit,
même dans l'intérêt de l'art, de représenter des
réalités que la pudeur et la morale ont toujours
condamnées.

Au reste, on verra dans les lignes suivantes ce
que lui-même en pensait sur la fin de sa vie, et
comment il a été amené à exécuter cette œuvre qui
a soulevé tant de critiques.

Carpeaux était plein de son art, devant lequel tout
s'effaçait : il était doué d'une volonté de fer et tra-
vailla constamment pour vivre. La mort le surprit
ou moment où la renommée et la fortune donnaient
à son nom un certain retentissement. Ce qu'il laisse

de ses œuvres, en particulier la *France,* son groupe
d'*Ugolin* et l'*Amour blessé,* est bien supérieur à la
plupart des produits des sculpteurs de notre époque;
mais son grand défaut fut de tomber dans un réa-
lisme trop souvent révoltant pour la pudeur chrétienne.

Après cette critique, nous sommes heureux d'ajouter que le grand artiste, sans avoir jamais perdu entièrement les sentiments religieux de son enfance, revint
à la pratique de la religion dans les derniers temps
de sa vie. Retiré à Courbevoie, il assistait régulièrement à la messe le dimanche.

L'*Univers* a publié sur Carpeaux deux articles
dus à la plume du directeur du cercle Montparnasse,
M. Meignen, qui nous font bien connaître l'homme
et le chrétien.

« Carpeaux a eu une jeunesse très chrétienne,
non seulement pendant le temps qu'il passa chez les
Frères à Valenciennes, sa ville natale, mais encore
pendant ses premières études à Paris. Il habitait
chez une parente qui était loin d'avoir sa piété, car
elle se plaignait souvent de ses longues prières du
matin et du soir... La vie parisienne, les entraînements de son âge et surtout la fréquentation des
jeunes artistes ses compagnons le perdirent. Mais,
au milieu de ses folies de jeunesse, il gardait la foi.
Carpeaux sans doute n'était pas un idéaliste; mais,
dans l'œuvre trop célèbre qui lui a valu un si triste
renom, il n'est peut-être pas aussi coupable qu'il
le paraît. La première esquisse qu'il composa du

groupe de *la Danse* n'était pas nue. La commission à laquelle les artistes devaient soumettre leurs esquisses la refusa. Carpeaux refit alors sa composition telle qu'elle est aujourd'hui, et elle fut acceptée.

« Le fait est certain et se passe de commentaires.

« La fin chrétienne de Carpeaux devait être prévue de son entourage dès les premières atteintes de sa maladie, qui fut si longue. Alors qu'il jouissait de toutes ses facultés, il était résolu de revenir à Dieu. Tout à l'heure vous verrez que rien ne surpassera la profondeur de son repentir. C'est ce repentir et son immense charité pour les pauvres qui devaient lui obtenir de Dieu la grâce d'une sainte mort, la plus précieuse de toutes.

« Mais ce qui a notamment contribué à soutenir chez lui le sentiment religieux est sans contredit l'exemple des vertus chrétiennes de deux jeunes Bretons que la Providence amena près de lui. L'un était employé dans son atelier comme praticien, l'autre comme commis et homme de confiance. On sait la foi et la simplicité bretonnes, qu'accompagne ordinairement cette énergie qu'on accuse d'entêtement. Carpeaux comprit la valeur de ces jeunes gens. Il mit en eux toute sa confiance ; il les traita bien moins en employés qu'en amis.

« Chez le sculpteur, tout le monde travaillait le dimanche ; les deux Bretons en furent dispensés.

« — Mais que faites-vous de votre dimanche ? leur dit-il.

« — Nous allons au cercle Montparnasse. »

« Carpeaux se fit décrire l'institution, qui l'intéressa. Ces bons enfants, dans la pensée de l'arracher au milieu funeste où il vivait et de lui procurer quelques impressions salutaires, lui proposèrent de visiter le cercle, ce qu'il accepta. Carpeaux ne se contenta pas d'une visite; il voulut dîner avec ses jeunes amis et prendre place à côté des ouvriers, dans notre humble restaurant. Il passa avec nous toute la soirée, et s'amusa beaucoup d'un petit concert et d'une charade en action improvisée par eux. En attendant le dîner nous causâmes, et il me dit tout le bien qu'il pensait de mes jeunes gens; et comme l'attente se prolongeait un peu :

« — Avez-vous du papier et un peu de fusain ? » me demanda-t-il.

« Je lui procurai ce qu'il me demandait, ne sachant ce qu'il voulait faire; puis il me dit : « Restez tranquille un moment. »

« Et, quelques minutes plus tard, il me remettait mon portrait, fort ressemblant et esquissé avec une énergie étonnante... Se figure-t-on Carpeaux au milieu du cercle catholique de Montparnasse et faisant le portrait de son directeur?

« Devant ces jeunes gens, jamais il ne lui échappait la moindre parole inconvenante. Il disait à l'un d'eux :

« — Que vous êtes heureux! Vous n'avez que de saintes passions... Je vous vénère. »

« Un jour, une personne qui était venue lui rendre visite lui dit :

« — Moi, je n'ai aucune croyance.

« — Eh bien ! lui dit Carpeaux, je ne pense pas

comme vous ; je crois, *et cette croyance, c'est ma force.* »

« La veille de son mariage, il communia avec sa femme. Il disait un jour à l'un de mes jeunes gens :

« — *Les deux plus beaux jours de ma vie sont ceux de ma première communion et de mon mariage.* »

« Je n'ai plus à vous entretenir que des dispositions que montra Carpeaux au commencement de sa maladie.

« Il fut bien vite abandonné de la plupart de ses amis de plaisir ; mais les deux Bretons lui demeurèrent fidèles et l'allèrent voir assidûment, l'un d'eux surtout, que Carpeaux affectionnait d'ailleurs plus particulièrement. Le sculpteur était heureux de ses visites et aimait à s'épancher avec lui. Il avait consigné sa porte, excepté pour le jeune Breton, qui pouvait entrer à toute heure.

« — Crois-tu, disait le pauvre grand artiste à son fidèle ami, crois-tu, dis-moi, que le bon Dieu puisse pardonner à un aussi grand coupable, à moi, qui l'ai tant offensé ? Comment Dieu pourrait-il me faire miséricorde ? Non, c'est impossible !...

« — Vous vous trompez, lui disait le jeune Breton ; voyez donc saint Augustin, il a été un grand pécheur, et pourtant Dieu lui a pardonné, et il est devenu un grand saint... Vous ne devez pas douter de la miséricorde de Dieu.

« — Oh ! saint Augustin ! reprenait Carpeaux, je

l'aime de tout mon cœur, je voudrais bien lire toute sa vie. »

« Dans un autre entretien, Carpeaux disait à son jeune confident :

« — Hélas ! je mérite bien toutes mes souffrances. Combien j'ai offensé Dieu toute ma vie !.. Comment veux-tu que je me confesse ? Je suis trop coupable... Dieu ne peut pas me pardonner. »

« Et le Breton cherchait dans sa science, ou plutôt dans son cœur, les arguments dont il se souvenait pour incliner à l'espérance son maître désespéré.

« — Si je reviens à la vie, disait un autre jour le pauvre malade, je promets à Dieu de faire autant de bien que j'ai fait de mal. Car, avec une petite esquisse d'une heure ou deux, je pourrais soulager la misère de beaucoup de pauvres gens. »

« La lumière d'ailleurs se faisait chaque jour dans ce cœur à l'aide de la souffrance.

« — Je m'aperçois tous les jours, s'écriait-il, que je suis un grand coupable ! »

« Puis se tournant vers son ami :

« — *Ma plus grande souffrance* sur mon lit de douleur, *c'est d'avoir abandonné mes devoirs religieux... Si tu veux être toujours heureux, sois toujours chrétien !* »

« L'an dernier, à peu près à cette époque, il fut si mal, que notre Breton, sans prévenir Carpeaux, courut chercher le gardien des capucins du couvent de la rue de Santé, le P. Ubald. Il le fit entrer immédiatement dans la chambre, et dit au malade :

« — Voici le bon père dont je vous ai parlé souvent et qui désire vous connaître. »

« Il fit signe à tout le monde de se retirer. Carpeaux tendit la main au religieux, et il la tint ainsi pendant tout l'entretien, qui dura une heure.

« Je ne saurais mieux terminer qu'en citant une admirable parole de l'illustre artiste : *Si j'avais toujours vécu comme un moine, je serais devenu l'égal de Michel-Ange.*

« Voici maintenant une lettre de Carpeaux, écrite vers la même époque, et qui montre les sentiments profondément religieux qui l'animaient un an avant sa mort. Elle serait digne d'être imprimée en fac-similé. Je la copie textuellement.

« Ce 26 novembre 1874.

« Mon cher ami,

« Depuis que je t'ai vu, les douleurs nerveuses ont repris leur intensité. Impossible de sortir. Aussitôt qu'il y aura du mieux dans mon état, je te le ferai savoir.

« En attendant, je conserve avec recueillement la petite médaille de Notre-Dame des Victoires que tu m'as envoyée dans ta lettre. Je désire te donner satisfaction en entrant dans la vie religieuse ; j'en sens le besoin moi-même, ce sera pour moi un heureux jour.

« Tout à toi,

« CARPEAUX. »

« Ce simple billet dit beaucoup : il témoigne des rapports qui existaient entre le grand sculpteur et son humble ami, et l'heureux effet de ses naïves prédications sur le grand artiste [1]. »

J'arrive donc au 3 août, où pour la première

Carpeaux.

fois M. l'abbé X..., vicaire de la Madeleine, se trouva en présence du malade.

« Quelques jours auparavant, la fille d'une excellente amie de Carpeaux, qui avait fait récemment sa première communion, dit sans autre préambule à l'artiste :

« — Vous devriez bien venir communier avec moi le 15 août.

[1] Maurice Meignen.

6*

« — Je ne dis pas non, » répondit sans hésiter le malade.

« Il aimait beaucoup cette enfant, en qui il avait remarqué une intelligence précoce et un goût très vif pour les arts.

« — Certainement, continua-t-il, je veux bien me confesser; mais alors tu m'amèneras ton confesseur à toi. »

« On comprend la joie de la mère et de la fille. Carpeaux accueillit avec joie M. l'abbé X... et se confessa aussitôt.

« Le 15 août, après s'être confessé une seconde fois, il demanda la faveur d'être traîné dans sa petite voiture de malade jusqu'à la sainte table, afin de pouvoir y communier près de celle qui l'avait décidé de revenir à Dieu.

« — Mais, mon cher monsieur, lui disait M. l'abbé X..., ne craignez-vous pas que les secousses de la voiture, pendant le long trajet de votre maison à l'église, n'altèrent vos forces ? Il me serait bien facile de vous apporter ici le saint viatique.

« — Non, non, répondit Carpeaux. Elle ne serait pas près de moi, et je tiens à communier près d'elle, comme elle me l'a demandé. Ce sera plus poétique. »

« Sa nature d'artiste se plaisait à ces contrastes. Il lui semblait touchant de voir, réunis à la même table, cet apôtre de douze ans et ce converti dont les souffrances avaient fait un vieillard. Le voisinage de cette innocence exaltait son repentir.

« Le temps avait été sombre toute la matinée; mais, pendant le trajet de l'église à la maison de

Carpeaux, il s'éclaircit un instant, et M. l'abbé X...,
qui accompagnait le malade, lui dit :

« — Voilà le bon Dieu qui vous envoie un rayon
de soleil.

« — C'est vrai, dit le sculpteur ; mais vous, mon
Père, vous m'en avez procuré plus d'un aujourd'hui. »

« M. l'abbé X... revint voir souvent le malade,
qui lui avait demandé la permission de l'appeler son
ami. Leurs conversations avaient pour sujet la religion ou les arts.

« — Laquelle de vos œuvres préférez-vous ? lui
demanda un jour le prêtre.

« — Le groupe d'*Ugolin,* répondit Carpeaux.
C'est sans contredit mon œuvre la plus forte.

« — Et le groupe de l'Opéra ? ajouta avec intention M. l'abbé X...

« — Oh ! oh ! pas trop orthodoxe celui-là, » dit-il
avec un sourire triste. Puis, s'adressant à M. le
curé de Courbevoie :

« — Ce n'est pas ça ! dit-il ; j'avais de meilleurs
et de plus nobles sujets dans la tête... Mais, que
voulez-vous, j'ai été lancé dans une mauvaise voie. »

« Le 29 septembre, Carpeaux se confessa de nouveau à M. le curé de Courbevoie. Ce fut sur la belle
terrasse du château de Bécon qu'il reçut l'extrême-
onction et le viatique. Il s'y était fait traîner, suivant son habitude, afin de reprendre, au contact de
l'air salubre du parc et des rayons du soleil, un peu
de force et de vie.

« Quand M. le curé de Courbevoie arriva, les
domestiques apportèrent une table sur laquelle on

plaça le crucifix. Les cérémonies allaient commencer, quand le sculpteur s'aperçut que le prêtre n'avait pas retiré sa houppelande qui dissimulait son surplis.

« — Monsieur le curé, lui dit-il, n'allez-vous point retirer ce vêtement ? »

« Le curé s'empressa d'accéder à la demande du malade ; les domestiques se rangèrent respectueusement en face du prêtre, et les prières commencèrent. Ce fut Carpeaux lui-même qui remplit l'office du clerc, et il s'acquitta de cette tâche avec beaucoup de pitié et toute sa présence d'esprit. Après l'extrême-onction il reçut le saint viatique.

« — Ne me ferez-vous point embrasser le crucifix ? » demanda-t-il ensuite.

« Quand on lui eut remis la croix, il attacha d'abord sur l'image de Notre-Seigneur un regard d'artiste.

« — Oh ! dit-il d'un ton de reproche, comme ils l'ont traité !... Ah ! si je reviens à la santé, je vous ferai un christ qui sera mieux que celui-là. Ce ne sera pas difficile... Enfin, ajouta-t-il, c'est l'image du bon Dieu cependant. »

« Et il la baisa à plusieurs reprises.

« Le 12 octobre suivant, il rendait son âme à Dieu [1]. »

« Quelques jours avant sa mort, il s'en allait à l'église dans sa petite voiture, quand, en chemin, il fit rencontre du prince Stirbey, dont la vaillante amitié pour lui ne s'était jamais démentie.

[1] Th. de Caer.

« — Vous êtes avancé d'un grade dans la Légion d'honneur, dit-il à l'artiste moribond en lui remettant lui-même la rosette d'officier.

« — Ah ! reprit l'agonisant, merci ; c'est le bon Dieu qui va en avoir l'étrenne. »

———

CAUCHY

GÉOMÈTRE, MATHÉMATICIEN, MEMBRE DE L'INSTITUT

(1789-1857)

« Je suis chrétien avec Descartes,
Copernic, Newton, Pascal, Euler, Ger-
dil; je suis catholique sincère comme
l'ont été Corneille, Racine, la Bruyère,
Bossuet, Bourdaloue, Fénelon. »
(CAUCHY.)

« Qui pourra peindre le vrai chrétien, remplis-
sant avec foi et amour tous les devoirs de loyauté,
de probité, de charité affectueuse, que la religion
nous prescrit envers nous-mêmes et envers les
autres? Heureux celui en qui Dieu, pour notre
exemple, a voulu ainsi mêler les dons du génie et
ceux du cœur ! »

Tel est l'éloge que le célèbre Biot faisait de son
collègue à l'Institut, le baron Cauchy.

Augustin-Louis Cauchy, né à Paris de parents
très chrétiens, fut élève de l'École polytechnique et
de celle des ponts et chaussées, puis attaché jeune
encore, en qualité d'ingénieur, aux travaux du port
de Cherbourg. Nommé membre de l'Institut et ayant
refusé le serment de fidélité au nouveau gouverne-

ment en 1830, il se retira en Sardaigne, où le roi,
fier de le posséder, créa pour lui à Turin une chaire
spéciale de mathématiques.

En 1832, Charles X l'appela à Prague pour y
travailler à l'éducation scientifique du comte de
Chambord. En 1838, sa mission accomplie, Cauchy
revint à Paris prendre sa place à l'Institut, et après
48 il occupa la chaire d'astronomie mathématique à
la Faculté des sciences de Paris. Ses recherches ont
porté sur toutes les branches des mathématiques. Il
a enrichi plusieurs revues et journaux d'un grand
nombre de mémoires sur ce sujet.

C'est là l'abrégé de sa carrière de savant ; mais
celle de chrétien mériterait de plus longs détails,
pour lesquels nous renvoyons le lecteur à sa *Vie*,
écrite par M. Valson, doyen de la Faculté catholique
des sciences de Lyon.

Nous nous bornerons ici à quelques détails édi-
fiants que lui-même nous a fait connaître.

Voici un article de son règlement de première
communion :

« Je ne me vanterai jamais du peu de science que
j'ai acquis par les soins de mon père, me représentant d'abord que si je sais quelque chose, c'est uniquement à cause des soins que mon père a pris de
moi, et ensuite que les sciences humaines ne sont
rien auprès de celle du salut, et qu'il ne me servi-
rait de rien de les connaître toutes, si je n'avais
cette dernière. »

A l'École polytechnique, où il fut admis à l'âge de

seize ans, on le voyait, agenouillé au pied de son
lit, réciter ses prières sans aucun respect humain,
et à Cherbourg il assistait avec une extrême régula-
rité aux offices de sa paroisse.

Pour rassurer sa mère, inquiète de sa persévé-
rance dans ce milieu si nouveau pour lui, il écrivait :

« On dit que la dévotion me fera tourner la tête ;
quelles sont les personnes qui disent cela ? Ce ne
sont pas celles qui ont beaucoup de religion ; celles-
ci ne m'en ont parlé que pour m'encourager dans
ma ligne de conduite, et tout ce qu'on m'a rapporté
à ce sujet ne prouve pas qu'elles me blâment...
Qu'y a-t-il donc dans la religion qui soit propre à
faire tourner la tête ? Serait-ce d'assister aux offices
de sa paroisse ? de remplir les devoirs du christianisme ? de s'approcher des sacrements plusieurs fois
l'année ? Je ne le pense pas, et la plus grande obligation que je puisse vous avoir, ma chère mère,
est de m'avoir élevé de bonne heure dans ces saints
exercices. Grâces soient rendues à vous, bien chers
parents, qui ne m'avez jamais donné que de bons
conseils à suivre et de bons exemples à imiter !
Grâces soient rendues à Dieu, qui m'a fait naître de
parents si chrétiens et m'a donné tous les moyens
de le servir !

« Si l'on envoyait tous les fous aux Petites-Mai-
sons, on y trouverait plus de philosophes que de
chrétiens... En voilà bien long sur ce sujet, mais je
tenais à vous prouver que je n'ai pas perdu la tête.
Si vous en voulez une autre preuve, ma bonne mère,

c'est que je vous aime toujours autant, et que je reste conséquent avec moi-même en vous embrassant de tout mon cœur. »

Il a porté le défi suivant à la science moderne :

« Cultivez avec ardeur les sciences abstraites et les sciences naturelles ; décomposez la matière ; dévoilez à nos regards surpris les merveilles de la matière ; explorez, s'il se peut, toutes les parties de cet univers ; fouillez ensuite les annales des nations, les histoires des anciens peuples ; consultez sur toute la surface du globe les vieux monuments des siècles passés. Loin d'être alarmé de vos recherches, je les provoquerai sans cesse, je les encouragerai de mes efforts et de mes vœux ; je ne craindrai pas que la vérité se trouve en contradiction avec elle-même, ni que les faits et les documents par vous recueillis puissent jamais n'être pas d'accord avec nos Livres sacrés... Je me suis enfoncé dans l'étude des sciences humaines, particulièrement dans celles qu'on nomme les sciences exactes, et j'ai de plus en plus reconnu la vérité de ces paroles de Bacon, que *si un peu de philosophie nous rend incrédules, beaucoup de philosophie nous ramène à être chrétiens.* J'ai vu que toutes les attaques dirigées contre la révélation ont abouti à en fournir de nouvelles preuves. »

Il était poète à ses heures, dit l'abbé Saillard, et, selon son expression, il aimait, tout en suivant les traces d'Euclide, à cueillir quelques fleurs sur les tombes d'Homère, de Virgile et d'Horace. Comme on le voit par les vers suivants, il défend la science, qu'il aimait tant, dans un langage que n'eussent point désavoué les meilleurs poètes.

> Tandis qu'avec fureur d'autres se font la guerre,
> Et pour un vain caprice ensanglantant la terre,
> Qui va, dans un moment, disparaître à leurs yeux,
> Plus heureux, l'astronome a regardé les cieux...
> Là se lisent la gloire et la magnificence
> Du Dieu dont l'univers atteste la puissance ;
> Là se peignent encore et le calme et la paix ;
> Là règne sans partage et triomphe à jamais
> Celui qui des soleils a tracé la carrière,
> De la nuit du chaos fit jaillir la lumière,
>   Allumé le flambeau du jour,
>   Transformé la vile poussière
> En cet homme, le fruit, l'objet de tant d'amour.
>   Mais à des spectacles pareils,
> Mon esprit se confond, je me tais, et j'adore
>   *Celui* dont le nom glorieux
> Se lit en traits si doux sur les feux de l'aurore,
>   *Et sur le pavillon des cieux.*

M. Cauchy, continue le même écrivain, fut associé, de son temps, à toutes les œuvres vraiment utiles ; son éloquence persuasive communiquait partout son zèle, et la plupart de ses collègues de l'Institut se trouvaient entraînés à une coopération sympathique qui les étonnait parfois eux-mêmes. Il devint un des membres les plus actifs de la conférence de Saint-Vincent-de-Paul ; il établit une association pour l'observation du dimanche et pour l'instruction des petits Savoyards.

Le membre de l'Académie des sciences et de la plupart des sociétés savantes de l'Europe et du monde, le rival d'Euler et de Lagrange, l'examina-

teur de l'École polytechnique, se faisait chaque
semaine, à heures fixes, simple maître d'école, pour
développer l'intelligence et former le cœur de ces
enfants qui, de la Savoie, viennent dans la capitale
exercer leur pauvre et pénible métier. Il leur parlait
de Dieu, leur enseignait le catéchisme, priait avec
eux pour leur apprendre quelques prières.

Il consacra les dernières années de sa vie à
l'Œuvre des écoles d'Orient, dont il est regardé à
juste titre comme le fondateur.

Qu'elle est belle cette fière profession de foi du
savant géomètre !

« *Je suis chrétien*, c'est-à-dire que je crois à la
divinité de Jésus-Christ avec Descartes, Copernic,
Newton, Pascal, Euler, Guldin, Gerdil ; avec tous
les grands astronomes, tous les grands physiciens,
tous les grands géomètres des siècles passés. *Je suis
même catholique* avec la plupart d'entre eux, et
si l'on m'en demandait la raison, je la donnerais
volontiers. On verrait que mes convictions sont le
résultat, non de préjugés de naissance, mais d'un
examen approfondi. *Je suis catholique sincère* comme
l'ont été Corneille, Racine, la Bruyère, Bossuet,
Bourdaloue, Fénelon ; comme l'ont été et le sont
encore un grand nombre des hommes les plus distingués de notre époque, de ceux qui ont fait le plus
d'honneur à la science, à la philosophie, à la littérature, qui ont le plus illustré nos académies. »

En 1845, les jésuites, en butte à des attaques très
violentes, trouvèrent en M. Cauchy un énergique

défenseur. L'illustre mathématicien plaida puissamment leur cause, au point de vue des intérêts de la science, dans un mémoire éloquent intitulé : *Considérations sur les ordres religieux, adressées aux amis des sciences.* Nous ne résisterons pas au désir d'en citer quelques lignes.

Voici en quels termes s'exprime le célèbre géomètre, dont personne ne récusera certainement la compétence en cette matière : « Vous êtes sans doute l'ami des sciences, vous estimez la littérature, vous vous intéressez à la saine philosophie et au progrès des lumières ? Eh bien ! ces mêmes hommes ont produit une foule d'ouvrages devenus classiques en littérature, en morale et en philosophie ; des traités savants sur les origines des langues, les mœurs et les institutions des divers peuples, des découvertes utiles dans les sciences, la médecine et les arts.

« On compte parmi eux des docteurs éminents, des orateurs illustres. Ils ont donné à la jeunesse les instituteurs les plus instruits et les plus dévoués. Leibnitz, Vincent de Paul, Bossuet, Fénelon, les considéraient comme les maîtres les plus sages, les plus expérimentés, les plus habiles. A leur école se sont formés les hommes les plus illustres dans tous les rangs de la société... Grâce à leur sage direction, on a vu avec admiration des guerriers, des magistrats, des savants, des académiciens dont les noms sont dans toutes les bouches, donner à la pratique des vertus les plus sublimes un temps précieux, consacrer leurs soirées et les heures que les

heureux du siècle passent dans les plaisirs, soit à
visiter les prisonniers et les maisons de refuge des
jeunes condamnés, soit à instruire les enfants des
pauvres Savoyards ; fidèles en cela à une noble
résolution que ces maîtres vénérés leur avaient
inspirée.

« Et maintenant comment serait-il possible de
condamner ces hommes et de les poursuivre comme
de vils malfaiteurs ? Sans doute, vous ne considérez
pas comme des ennemis de la civilisation et des lumières ceux-là mêmes qui ont éclairé et civilisé tant
de peuples divers ! Vous ne considérez pas comme
ennemis des talents et du génie ces habiles instituteurs dont Grotius et Henri IV ont dit qu'ils surpas-
saient tous les autres par la science et la vertu ; ces
maîtres éminents qui ont eu pour élèves Corneille,
Bossuet, Molière, Montesquieu et tant d'autres. Vous
ne considérez pas comme ennemis des gloires de
la patrie ceux dont les leçons ont formé les Condé,
les Villars, les Molé, les Lamoignon, les Belzunce.
Vous ne considérez pas comme ennemis des sciences
les instituteurs des Descartes, des Cassini, des Tour-
nefort ; ceux dont les travaux ont été souvent cités
avec honneur par les Laplace, les Lagrange, les
Delambre ; ceux qui, de nos jours encore, ont eu
pour admirateurs et pour amis les Ampère, les
Freycinet, les Coriolis.

« Mais si les jésuites ne sont atteints et convaincus que d'avoir travaillé pour la plus grande gloire
de Dieu, d'avoir aimé les hommes dans la vue de
plaire à Dieu et de s'être sacrifiés pour eux avec

joie; d'avoir rendu par leurs travaux d'éminents services à la religion, à la philosophie, à la littérature,
aux sciences et aux arts; comment expliquer tant de
préventions hostiles et incompréhensibles? Pourquoi
ne pas rendre justice aux jésuites comme à d'autres?
Pourquoi seraient-ils moins estimés de nous que de
nos voisins, plus maltraités par une nation polie que
par les sauvages du Paraguay? »

Dans un autre écrit publié à la même époque, et
intitulé : *Mémoire à consulter adressé aux membres
des deux Chambres*, Cauchy s'exprime ainsi :

« Quoi donc ! vous avez proclamé bien haut la
liberté de conscience, la liberté des cultes, la liberté
d'enseignement, et vous proscrivez des citoyens
français qui font profession de se consacrer à l'exercice des vertus chrétiennes? La loi, qui ne veut pas
les reconnaître pour les protéger, les reconnaîtra
pour les persécuter et torturer leur conscience! Bien
plus, on les forcera eux-mêmes d'être les exécuteurs
de la sentence portée contre eux..., et l'on propo-
sera sérieusement à des législateurs d'adopter une
mesure si étrange !

« Vous ne demandez pas à un homme qui veut
se consacrer à l'instruction publique s'il est ou s'il
n'est pas disciple de Vischnou, du grand Lama, de
Mahomet; vous ne lui demandez même pas s'il croit
ou ne croit pas en Dieu. Mais vous lui demandez
s'il est ou s'il n'est pas disciple de saint Dominique
ou de saint Ignace; et s'il a le malheur de pratiquer
non seulement les préceptes, mais encore les conseils de l'Évangile; s'il a le malheur de s'appeler

Bourdaloue, Porée, Lacordaire ou Ravignan, il faudra qu'on se le montre au doigt comme un homme que la loi met en suspicion, qu'elle déclare incapable de rien apprendre à la jeunesse ; il faudra qu'il subisse l'ignominie de se voir diffamer à la face de la France, dont il est la gloire, par la voix de ses législateurs ! »

Les derniers moments de cette vie de foi et de science furent entourés de toutes les consolations religieuses ; et, le jour de sa mort, un de ses amis disait : « Tout le monde est convaincu que ce saint homme est allé droit au paradis. Ce bon M. Cauchy ! il sera entré au ciel comme il entrait dans nos chambres, sans frapper à la porte. »

Le célèbre abbé Moigno a résumé ainsi son jugement : « Ce fut un puissant génie, une vaste intelligence, un grand caractère ; mais ce fut en outre un saint, un ange de pureté et de charité, et sa mémoire sera éternellement bénie. »

CHANZY

GÉNÉRAL, GOUVERNEUR D'ALGÉRIE

DÉPUTÉ, SÉNATEUR INAMOVIBLE, AMBASSADEUR

(1823 - 1883)

> « La religion est la source du patrio-
> tisme, elle met au foyer domestique
> l'ordre et le bonheur ; sans elle il n'y
> a pas d'homme complet. »
> (Général CHANZY.)

Le général Chanzy avait pris pour devise : « Bien servir. » Il servit bien, mais ne fut pas toujours heureux. Cœur droit et chrétien, nature énergique, il eut besoin de tout son patriotisme et de toute sa foi pour maintenir son âme à la hauteur du devoir dans les malheurs de la patrie.

Antoine-Alfred Chanzy, comme la plupart de nos généraux, était le fils d'un soldat. Né le 18 mars 1823 à Nouart (Ardennes), le futur général reçut une éducation chrétienne dont il se ressentit toujours. Il eut de bonne heure la passion des armes et rêva de gloire et de batailles sur les bancs des collèges de Sainte-Menehould et de Metz, où son père l'avait mis en pension : la carrière de marin était surtout l'objet de ses rêves. Il passa, en effet, près de deux

7

années dans l'escadre de l'amiral Lalande, puis entra dans l'armée de terre, comme sous-lieutenant, en sortant de Saint-Cyr.

Dès lors on remarqua dans Chanzy cette activité constante pour l'organisation et l'administration des corps, et surtout le talent rare d'entraîner les troupes par son exemple et de se les attacher, autant par sa fermeté dans le maintien de la discipline, que par son empressement à relever les actions du soldat et à exciter son ardeur pour le bien.

Il consacrait en même temps ses loisirs à étudier les langues usitées en Algérie, et notamment les différents idiomes de l'arabe. Entré dans l'administration des bureaux arabes, sa bonne administration, sa justice, sa modération, son empressement à conserver dans leurs emplois les fonctionnaires qui jouissaient de l'estime générale, la *protection constante* qu'il accorda aux magistrats et au clergé, sa sévérité pour la discipline, ses talents et sa valeur brillante, lui attachèrent ses administrés.

Après avoir pris part à la guerre d'Italie et à l'expédition de Syrie, chargé des affaires politiques auprès du général de Beaufort, il appartint au corps d'occupation de Rome jusqu'en 1863. Colonel en 1864, il fut promu général de brigade en 1868.

En Afrique, le général Chanzy a fait les campagnes de 1843 à 1859, et de 1864 en 1870. Après les premiers revers de nos armes, il n'abandonna pas l'armée, dans un instant où ses talents lui étaient si nécessaires; il fit partie de l'armée de la Loire. Là, parmi les rares hommes de guerre qui ramènent

la victoire sous nos drapeaux, on retrouve Chanzy,
qu'aucun mécompte ne trouble, qu'aucun revers
n'abat, qui défend chaque pouce de terrain avec un
tronçon d'épée, qui ressuscite des armées expirantes,
et qui éprouve encore le besoin de combattre, même
quand il a perdu tout espoir de vaincre. Général
en chef de l'armée de la Loire, patient et tenace,
il conduit méthodiquement la guerre, réussissant
plusieurs fois à déjouer la tactique des généraux
allemands dans les combats inégaux livrés sur les
bords de la Loire, même après la retraite derrière
la Mayenne. Il vota, après l'armistice conclu sans
son aveu, contre le projet de loi relatif aux prélimi-
naires de la paix. Obligé de remettre l'épée au four-
reau, le pays lui donna, dans le même temps, une
marque signalée d'estime en l'envoyant, le 8 février 1871, à l'assemblée nationale, à la presque
unanimité des suffrages.

Mais la faveur populaire dont il jouissait, les
fonctions éminentes auxquelles il était élevé, et peut-
être la manière noble et indépendante avec laquelle
il s'était toujours conduit, avaient soulevé contre lui
les gens du désordre; il fut arrêté par la Commune,
mais il eut le bonheur d'échapper au malheureux sort
réservé aux généraux Clément-Thomas et Lecomte.
En 1872, il prit dans le centre gauche une position
parlementaire importante.

Telle est la carrière militaire du général. Elle est
toute de gloire, de cette gloire solide et vraie qui
arrive sans tache à la postérité.

Toutefois ce n'est pas celle-là seulement que nous avons rêvée pour le vaillant soldat, celle surtout que nous voulons inscrire dans ces pages. Chanzy avait été élevé chrétiennement; aussi se montra-t-il chrétien partout où la religion eut besoin de son service.

Ce fut d'abord en Algérie. Là il étendit sa protection sur les intérêts religieux. Pour attirer à nous les Arabes, il aurait voulu accorder une plus grande liberté au zèle des prêtres catholiques; mais on sait quelle politique le gouvernement français a toujours fait prévaloir sur ce point en Afrique.

Ce fut également en Syrie, où, envoyé avec le général Beaufort d'Hautpoul, il rendit de grands services aux chrétiens massacrés par les Druses, et força Fuad-Pacha à sévir contre les bourreaux. « Les chrétiens avaient en lui une confiance aveugle, dit l'historien de l'expédition, et voulaient l'avoir pour intermédiaire de leurs réclamations. »

Voici le témoignage que lui rendait alors l'abbé Lavigerie, depuis cardinal d'Alger et de Tunis, venu de Paris pour distribuer aux populations désolées du Liban les aumônes de la France catholique. « C'est en Syrie que je vis Chanzy pour la première fois; je me rappelle son ardeur à prendre la défense des chrétiens, qui n'espéraient plus que dans l'épée de la France; Chanzy était dans tout l'éclat de la force et de la vie, déjà également remarquable par sa bravoure, par sa distinction, par sa finesse et plus encore par sa bienveillance et sa bonté. »

Peu à peu, grâce à son énergie et à son dévouement, les 80,000 réfugiés qui entouraient Beyrouth purent rentrer dans leurs foyers et relever leurs maisons dévastées par les persécuteurs. Sous son impulsion, les soldats français se firent maçons, charpentiers, menuisiers pour aider ces infortunés, et le nom de la France catholique fut béni dans la contrée.

Ces ruines réparées, Chanzy ne voulut point quitter ces pays sans faire un pèlerinage en terre sainte. A la tête d'une caravane d'officiers où se trouvait le fils de la reine Christine d'Espagne, il visita les saints lieux au moment des fêtes de Noël.

« Les musulmans, dit M. de Baudoncourt, regardaient avec surprise ces infidèles en grand uniforme visiter pieusement les lieux sanctifiés par la vie et la mort du Christ. Le frère Liévin les conduisit au saint sépulcre, à la montagne de l'Ascension, au village de Béthanie, au tombeau de Lazare. Ils passèrent la nuit de Noël en prières à Bethléhem, et après la messe ils allaient en procession, un cierge à la main, visiter la grotte où naquit l'Homme-Dieu. Le lendemain, ils faisaient bénir leurs épées sur le saint sépulcre, et le jour même Chanzy était nommé officier de la Légion d'honneur.

« C'est la piété qui avait conduit le brillant colonel au saint sépulcre et à Bethléhem. Bien différent des politiciens qui règlent leur conduite religieuse sur celle du gouvernement, Chanzy ne rougit jamais dans toute sa carrière d'être chrétien catholique. On lui fit comprendre plus d'une fois que sa foi nuirait à son avancement. Il ne tint aucun compte de ces avertissements, qui servirent seulement à mettre en

relief son grand caractère. Les grands caractères ne
se démentent jamais et obéissent au seul sentiment
du devoir. »

Après avoir laissé chez les Turcs et les chrétiens
du Liban la même réputation de justice que chez
les Arabes d'Algérie, le brave officier revint à Rome
reprendre son régiment, qui faisait partie de l'armée
d'occupation. Comme tous les esprits élevés, Chanzy
subit le charme de cette ville si remplie de contrastes
et de souvenirs religieux.

« Avant de partir, raconte son biographe, il voulut prendre congé du saint-père, de qui il était
connu et qui l'avait apprécié. Il lui présenta sa
femme et sa fille, demandant pour elles et pour lui
un souvenir pieux. Pie IX les bénit tous, et, prenant
sur son bureau la plume que la jeune Gabrielle regardait avec curiosité, il la lui donna en disant :
« Vous vous marierez un jour; prenez cette plume,
elle servira à signer votre acte de mariage, et la
bénédiction du vieux pontife vous accompagnera
pour vous porter bonheur. »

Le général, qui fut toujours par excellence
l'homme du devoir, répétait souvent à ses enfants,
comme il l'a dit à ses soldats : « Faites votre devoir,
quoi qu'il advienne, et ne vous laissez détourner
par quoi que ce soit. Vous n'aurez de vraie satisfaction que celle que vous procurera le devoir
accompli. »

Mais ce sentiment du devoir était fondé en lui
sur ses convictions religieuses. Aussi, à Busancy, il
assistait exactement à la messe le dimanche.

« La religion, disait-il encore, est la source du
vrai patriotisme ; elle met au foyer domestique l'ordre
et le bonheur, et sans elle il n'y a pas d'homme
complet. »

« Sa conduite, ajoute M. de Baudoncourt, s'ac-
cordait avec ses convictions ; il ne renia pas plus
l'église de son village, où il avait sa place marquée
et assistait aux offices, que les traditions chrétiennes de sa famille, dans laquelle il était fier de
compter de bons prêtres. Il eut même l'intrépidité de sa croyance en déclarant plus d'une fois
« qu'il n'est pas donné à tout le monde de se sou-
« mettre servilement *à la tyrannie de la libre*
« *pensée* ».

« Bon nombre de puissants du jour voyaient de
mauvais œil ces convictions si noblement affirmées ;
mais le général ne s'inquiéta jamais des accusations
de cléricalisme portées contre lui, et quand il perdit,
peut-être pour cela, son siège au conseil général des
Ardennes, qu'il avait présidé pendant neuf ans, il
s'en consola, en songeant que les compatriotes de
Canrobert avaient bien préféré un tabellion à un
illustre maréchal de France pour les représenter
au sénat.

« Il aimait avec passion ses enfants et les élevait
de la manière la plus chrétienne. On en eut une
preuve assez rare pour être citée. Tous les membres
de sa famille reçurent la communion près de sa
couche funèbre, et l'évêque de Châlons put dire
devant son cercueil :

« — Le voile qui couvrait les mystères charmants

de sa vie domestique ayant été soulevé devant mes
yeux, j'y ai entrevu des tableaux de famille dignes
des temps les plus antiques et les plus beaux de
l'Église, sans qu'on puisse dire auquel des deux, de
sa noble compagne ou de lui, en revenait le principal mérite [1]. »

« Quelques mois avant sa mort, Jeanne, sa
seconde fille, devait confirmer; Chanzy était présent
avec toutes ses décorations, et lui, qui n'avait pas
fléchi sous les balles et la mitraille, se prit à trem-
bler quand il entendit l'archevêque de Reims appeler sa fille pour l'interroger. Heureusement l'enfant
répondit bien, et le rude guerrier en pleura de joie.

« Somme toute, Chanzy restera debout comme
une des plus belles figures de notre défense nationale... Sa gloire est de n'avoir point faibli dans
l'épreuve; d'avoir été, envers et contre tous, patriote
et soldat. Il était de la race des vaillants et des forts.
Il a peu parlé et beaucoup agi. C'est ce qui le dis-
tingue et l'élève au-dessus de la génération de par-
leurs avec laquelle il dut vivre. Quels que puissent
être l'avenir et les destinées de la France, nous lui
souhaitons de trouver toujours des généraux ayant
la vigoureuse trempe d'âme et le beau caractère de
Chanzy. »

---

[1] A Laval, pendant la campagne de la Loire, auprès de son modeste
lit en fer, se trouvait un vieux meuble sur lequel le général avait placé
une statuette de la sainte Vierge. C'est au pied de cette image que le
général aimait à déposer quelques fleurs, surtout des branches de lau-
rier-tin, qu'il cueillait dans le jardin voisin, et dont un de nos amis,
aumônier militaire, détacha un rameau pour le porter à Mme Chanzy,
alors séparée de son mari par les malheurs de la guerre et habitant
Rochefort avec ses nombreux enfants.

Le 5 janvier 1883, on le trouva mort dans son lit. Il avait succombé à un épanchement au cerveau, à peine âgé de soixante ans.

« Ce qui précède, a écrit M. Oscar Havard[1],

Chanzy.

donne à peine une idée de l'homme que la France a perdu.

« Ajoutons que, chez l'ancien commandant du 6e corps, l'homme de guerre se doublait d'un énergique chrétien. Quand l'honorable général vit Gambetta donner un portefeuille à M. Paul Bert, Chanzy eut un tressaillement de colère et de honte. A la

[1] Le *Monde* du 10 août 1885.

7*

pensée qu'un tel cuistre était mêlé aux affaires, son âme de Français et de catholique bouillonna. Chanzy ne voulut pas représenter une minute de plus le gouvernement de la république auprès du tsar : il sollicita ses lettres de rappel.

« Bien que ses fonctions militaires le subordonnassent au ministre, l'illustre général ne craignit point de combattre ostensiblement, au sénat, la politique ministérielle chaque fois que cette politique lui parut en désaccord avec les principes catholiques. Aucune considération ne le fit capituler.

« Le 1er janvier 1882, le commandant du 6e corps alla présenter ses souhaits à Mgr Jourrieu. Dans le cours de sa conversation, l'héroïque soldat n'essaya point de dissimuler quelle grande place l'Église tenait dans son cœur. Son langage fut admirable. Catholiques et patriotes, nous ne saurions trop honorer une si grande mémoire. »

On voit que si le général Chanzy ne fut pas toujours un catholique pratiquant, chez lui les convictions religieuses étaient cependant fermement assises. « Chanzy, dit son biographe, M. Arthur Chuquet, avait naturellement l'intrépidité de sa croyance. Il se disait très haut, et même trop haut peut-être, catholique fervent. Il oubliait que le pays ne demande compte à ses plus illustres serviteurs que de leurs actes et de leurs opinions politiques. Chanzy pouvait regarder la religion *comme la source du vrai patriotisme*, et penser que « les plus nobles croyances ont fait de la France le glorieux pays de la foi, des idées généreuses et de l'honneur ».

CHATEAUBRIAND

DE L'ACADÉMIE FRANÇAISE, POÈTE, AMBASSADEUR, MINISTRE

(1768-1848)

> « Je suis devenu tout à coup chrétien. Mais ma conviction est sortie de mon cœur. J'ai pleuré, et j'ai cru.
> « Jésus-Christ seul sauvera la société moderne. Voilà mon Dieu, voilà mon roi. »

Chateaubriand occupe parmi les plus illustres apologistes de notre sainte foi une place distinguée ; car nul n'a mieux compris le caractère et les besoins de son temps, nul n'a mieux conçu le plan d'une œuvre admirablement appropriée à sa situation, et ramené davantage vers Dieu les indifférents et les impies : son *Génie du Christianisme* fut une véritable prédication.

François-René, vicomte de Chateaubriand, est né à Saint-Malo, d'une famille noble et ancienne. Après de brillantes études au collège de Dol, il entra à dix-sept ans comme sous-lieutenant au régiment de Navarre, et deux ans après il était capitaine. Mais bientôt il quitta l'épée pour la plume, et partit pour l'Amérique.

Le célèbre poëte avait reçu une éducation très chrétienne; mais dans les camps et à Paris, dans ses
relations avec les hommes du jour, il avait com-
mencé à douter de Dieu. Il aimait comme un fruit
défendu les sentiments, les idées, les hommes, que
ses principes et son honneur l'obligeaient à combattre. Aussi n'eut-il pas pour but tout d'abord de
défendre la foi, mais de lutter contre elle : «Je connaissais, a-t-il écrit plus tard, les ouvrages des
Pères mieux qu'on ne les connaît de nos jours ; *je les
avais étudiés même pour les combattre;* mais entré
dans cette route, à mauvaise intention, au lieu d'en
être sorti vainqueur, j'en étais sorti vaincu. »

Il était doublement coupable de demeurer dans
ces funestes dispositions; car, s'il avait eu le bonheur d'avoir pour mère une nouvelle Monique, il
était aussi richement doué de Dieu, et il abusait de
tous ces dons du Ciel.

Sa mère heureusement priait et pleurait sur lui.

Mais un jour le jeune homme reçut une douloureuse nouvelle.

Cette pieuse mère était morte, morte comme elle
avait vécu, priant encore pour celui qui vivait loin
d'elle et de Dieu, et qui la contristait. Jusqu'au dernier moment ses lèvres maternelles avaient mur-
muré le nom de l'enfant prodigue absent ; ses mains
l'avaient cherché pour le bénir. Sa recommandation
suprême avait été celle-ci : « Écrivez-lui que sa mère
mourante le conjure de revenir à de meilleurs sentiments. »

Sa sœur, en effet, lui envoya cette lettre, qu'il

reçut au moment où l'*Essai sur les révolutions*
commençait sa gloire. Elle était bien propre à le
faire réfléchir :

« Mon ami, nous venons de perdre la meilleure
des mères, je t'annonce à regret ce coup funeste ;
quand tu cesseras d'être l'objet de nos sollicitudes,
nous aurons cessé de vivre. Si tu savais combien
de pleurs tes erreurs ont fait répandre à la plus respectable des mères, combien elles paraissent déplorables à tout ce qui pense et fait profession, non
seulement de piété, mais de raison ! si tu le savais,
peut-être cela contribuerait-il à t'ouvrir les yeux, à
te faire renoncer à écrire ; et si le Ciel, touché de
nos vœux, permettait notre réunion, tu trouverais
au milieu de nous tout le bonheur qu'on peut goûter
sur la terre ; tu nous donnerais ce bonheur, car il
n'en est pas pour nous, tant que tu nous manques,
et que nous avons lieu d'être inquiètes sur ton
sort.

« Ta sœur, LUCILE. »

Ces lignes fixèrent à jamais le cœur et le sort de
Chateaubriand ; il versa un torrent de larmes, et
résolut de ne plus écrire qu'en l'honneur de la religion : « Je suis devenu tout à coup chrétien, dit-il ;
je n'ai point cédé, j'en conviens, à de grandes
lumières surnaturelles ; ma conviction est sortie de
mon cœur : j'ai pleuré, et j'ai cru. »

Dès ce jour il tourna sa belle intelligence, son
génie si poétique vers cette religion catholique faite

surtout pour ceux qui pleurent; puis, sous les regards de sa mère et pour réparer son égarement
passé, il voulut écrire le *Génie du Christianisme*.
Le titre de l'ouvrage lui vint à l'esprit comme une
inspiration divine. Il se mit à l'œuvre sur-le-champ,
« avec l'ardeur d'un fils qui élève un mausolée à sa
mère. »

A cette époque on ne lisait plus les grands apologistes chrétiens, on ne les écoutait point ; leur
voix semblait trop rude et trop sévère. « On souriait
avec finesse, dit M. P. Vedrenne, on haussait dé-
daigneusement les épaules en se déclarant supérieur
à des controverses désormais inutiles. Inexpugnable
à son tour dans ce nouveau genre de guerre, l'impiété bravait les efforts des Facultés et des docteurs ;
elle eût pu braver même ceux du génie. Chateaubriand le comprit comme par une inspiration divine ;
et, renversant tout à coup les termes de l'ancienne
apologie, il s'écria : La religion chrétienne est
excellente pour le bonheur de l'homme et la prospérité des peuples ; donc elle est divine. Elle combat tous les vices, elle encourage toutes les vertus,
elle console toutes les douleurs, elle sanctifie tous
les repentirs, elle élève le génie humain à des hauteurs que le paganisme n'avait pas connues, elle
inspire les talents, elle favorise les arts, elle répand
partout la liberté, la charité, la lumière ; donc elle
ne peut venir que de Dieu... Et, appelant à son
secours toutes les grandes œuvres et tous les grands
hommes du christianisme, environné de toutes les
muses, qu'il forçait à rendre hommage au culte

divin, poète lui-même, le front couronné de lauriers
et de myrtes, au lieu de discuter, de démontrer la
vérité de la religion, il célèbre, il chante ses bienfaits, sa grandeur, sa beauté. »

Par une heureuse coïncidence, le jour même, dit
un savant littérateur[1], où la France célébrait la
restauration du culte catholique, le *Moniteur* annonçait la publication du *Génie du Christianisme*.
Nulle œuvre alors ne pouvait être plus opportune.
C'était, après Voltaire, l'éclatante réparation faite
par l'esprit français à la civilisation chrétienne.
Car, dans son éloquente apologie, le jeune écrivain
montrait qu'au lieu d'accuser l'Église de retenir les
peuples dans l'ignorance et la barbarie, c'était à sa
doctrine sainte et à ses institutions que le monde,
au contraire, était redevable de tous les bienfaits
de la civilisation moderne, de tous ses progrès dans
les arts et les sciences. Il faisait partout sentir l'inspiration générale du christianisme ; il relevait la
croix sur toutes les avenues de l'esprit humain, où
elle avait été abattue par le fanatisme du xviiie siècle.

Mais surtout Chateaubriand redisait avec un
charme infini les souvenirs du culte catholique, le
retour des fêtes aimables de l'Église, ou encore les
émotions religieuses de la nef antique, et la poésie
des dévotions populaires, s'attachant à raviver ainsi
au fond des cœurs mille impressions d'enfance d'une
ineffable douceur.

A ces temples désolés le poète rendait une voix ;

[1] M. Benoît, doyen de la Faculté des lettres de Nancy. Étude cou-
ronnée par l'Académie française.

à ce culte oublié, son âme; à la France encore imprégnée de l'esprit de Voltaire, le respect tout au moins, en attendant la foi, pour cette religion ressuscitée.

Nous lisons dans *René* ce beau passage qui rappelle les souvenirs d'enfance de l'auteur et les nôtres :

« Les dimanches et les jours de fête, j'ai souvent entendu dans les bois, à travers les arbres, les sons de la cloche lointaine qui appelait au temple l'homme des champs; appuyé contre le tronc d'un ormeau, j'écoutais en silence le pieux murmure. Chaque frémissement de l'airain portait à mon âme naïve l'innocence des mœurs champêtres, le calme de la solitude, le charme de la religion et la délectable mélancolie des souvenirs de ma première enfance. Oh ! quel cœur si mal fait n'a tressailli au bruit des cloches de son lieu natal, de ces cloches qui frémirent de joie sur son berceau, qui annoncèrent son avènement à la vie, qui marquèrent le premier battement de son cœur, qui publièrent dans tous les lieux d'alentour la sainte allégresse de son père, les douleurs et les joies encore plus ineffables de sa mère ! Tout se trouve dans les rêveries enchantées où nous plonge le bruit de la cloche natale : religion, famille, patrie, et le berceau et la tombe, et le passé et l'avenir. »

Les principales œuvres de Chateaubriand furent, avec le *Génie du Christianisme, Atala* et *René, les Martyrs,* beau poème et autre chef-d'œuvre de l'illustre écrivain, puis l'*Itinéraire de Paris à Jérusalem* et ses *Mémoires d'outre-tombe.*

Nulle part la foi si vive de notre grand poète ne

Chateaubriand.

s'affirme mieux que dans son *Itinéraire* : « Si je
n'ai point, dit-il, les vertus de anciens croisés, du

moins leur foi me reste. » Elle lui inspire, devant
les ruines de la Cité sainte et les vestiges du Sauveur, des accents dignes bien souvent des meilleurs
âges et des plus grands saints. « Toutefois, dit son
biographe M. Vedrenne, quelque chose de sa faiblesse y paraît aussi; s'il ne doute pas de la divinité
du christianisme, il paraît aussi parfois au moins
douter de son avenir. C'était le tempérament de ce
siècle : aucun homme, aucune œuvre ne devait y
échapper. « Je serai peut-être, dit Chateaubriand,
« le dernier Français sorti de mon pays pour voya-
« ger en terre sainte avec les idées et les sentiments
« d'un ancien pèlerin. »

Il se trompait assurément. Qu'eût-il dit s'il avait
vu ces centaines de Français passer la mer chaque
année et suivre dévotement toutes les traces du Sauveur des hommes dans cette contrée bénie [1] ?

Chateaubriand contribua à fixer Ozanam dans la
bonne voie, lorsque celui-ci, venu jeune à Paris,
lui fut recommandé par un chanoine de Lyon. Il
protégea le littérateur à son début et l'aida de ses
conseils, particulièrement au moment où Ozanam,
entraîné par quelques mauvais amis, voulait fré-
quenter les théâtres de la capitale. Le poète, qui
savait leurs corruptrices influences sur le cœur des
jeunes gens, lui demanda s'il se proposait d'aller au
spectacle.

---

[1] Tous les catholiques connaissent ces pèlerinages de la Pénitence,
organisés chaque année au printemps par les rédacteurs de la *Croix*,
et auxquels prennent part quatre à cinq cents pèlerins qui passent
plusieurs semaines à visiter la terre sainte et à prier pour la France.

« Ozanam, surpris, dit le P. Lacordaire, hésitait entre la vérité, qui était la promesse faite à sa mère de ne pas mettre le pied au théâtre, et la crainte de paraître puéril à son noble interlocuteur. Il se tut quelques instants, par suite de la lutte qui se passait dans son âme. M. de Chateaubriand le regardait toujours, comme s'il eût attaché à sa réponse un grand prix.

« A la fin la vérité l'emporta, et l'auteur du *Génie du Christianisme*, se penchant vers Ozanam pour l'embrasser, lui dit affectueusement : « Je vous con-« jure de suivre le conseil de votre mère ; vous « ne gagneriez rien au théâtre, et *vous pourriez* « *y perdre beaucoup.* »

« Cette parole, ajoute le P. Lacordaire, demeura comme un éclair dans la pensée d'Ozanam, et lors-que quelques-uns de ses camarades, moins scru-puleux que lui, l'engageaient à les accompagner au spectacle, il s'en défendait par cette phrase décisive : « M. de Chateaubriand m'a dit qu'il n'était pas bon « d'y aller. »

Près d'arriver au terme de sa longue carrière, l'illustre écrivain eut le bonheur de voir, à Londres, Henri V environné de Français fidèles, et de rece-voir des témoignages éclatants de son estime.

C'est alors qu'il écrivit la lettre célèbre où il saluait avec des larmes de joie, dans ce jeune prince, tout un avenir de prospérité, de liberté et de gloire qui se révélait à la France.

Ce fut sa dernière action publique.

Chateaubriand ne vécut désormais que loin des affaires et des passions politiques [1], où il avait été trop longtemps mêlé, seul avec quelques amis dans la solitude et la pratique des devoirs religieux.

Un journal du temps ayant voulu mettre en doute la réalité de ses pratiques religieuses, pour seule réponse il donna au public le nom et l'adresse d'un humble prêtre qui était son confesseur depuis vingt ans.

Il mourut en 1848, pendant cette insurrection de Juin où périt le courageux archevêque de Paris et tant d'autres nobles victimes.

Un de ses biographes raconte ainsi ses derniers moments :

Le bruit du canon, ou les sourdes rumeurs qui s'élèvent de la grande ville aux jours d'émeute, troublaient de temps en temps le silence qui régnait autour du lit du mourant. Il arriva qu'un tumulte plus fort, une clameur plus sauvage parvint jusqu'aux oreilles de l'illustre vieillard, fatigué de la vie et lassé d'orage et de tempêtes.

Il prit alors son crucifix, attacha sur l'image du Sauveur un regard ferme et doux, et dit : « Jésus-Christ seul sauvera la société moderne ; voilà mon Dieu, voilà mon roi ! »

Ce furent les dernières paroles de Chateaubriand.

---

[1] « Parmi les entraînements de la vie politique, Chateaubriand se montra constamment préoccupé des soins de nos libertés au dedans, de notre puissance ou de notre dignité au dehors. » (*Panthéon de la Légion d'honneur.*)

Chateaubriand avait exercé les fonctions d'ambassadeur auprès de plusieurs cours étrangères, et il fut ministre en 1822.

Après cette suprême profession de foi, sa grande
intelligence parut éteinte jusqu'au moment où il
rendit le dernier soupir. En présence de l'éternité,
le grand écrivain voulut arracher de ses œuvres toutes
les pages désavouées par sa conscience. Sur son lit
de mort, il avait dicté ce billet à son neveu : « Je
déclare devant Dieu rétracter tout ce qu'il peut y
avoir dans mes écrits de contraire à la foi, aux
mœurs et généralement aux principes conservateurs
du bien. (Paris, le 3 juillet 1848.) Signé pour mon
oncle François de Chateaubriand, dont la main n'a
pu signer, et pour me conformer à la volonté qu'il
a exprimée : LOUIS DE CHATEAUBRIAND. » — Quand
cette déclaration fut écrite, le mourant se la fit répéter ; alors, la paix dans l'âme, il se rendit sans
effort au Dieu qui pardonne. Le P. de Ponlevoy,
qui rapporte ce fait, résume ainsi son jugement
sur le grand poète : « Le roi de la prose française
moderne avait toujours gardé dans son âme et porté
haut le triple caractère du gentilhomme, du Breton
et du chrétien, l'honneur, la fidélité et la croyance.
S'il avait plus d'une fois dévié, du moins il n'avait
pas descendu, et son cœur pouvait faire pardonner
à son imagination. »

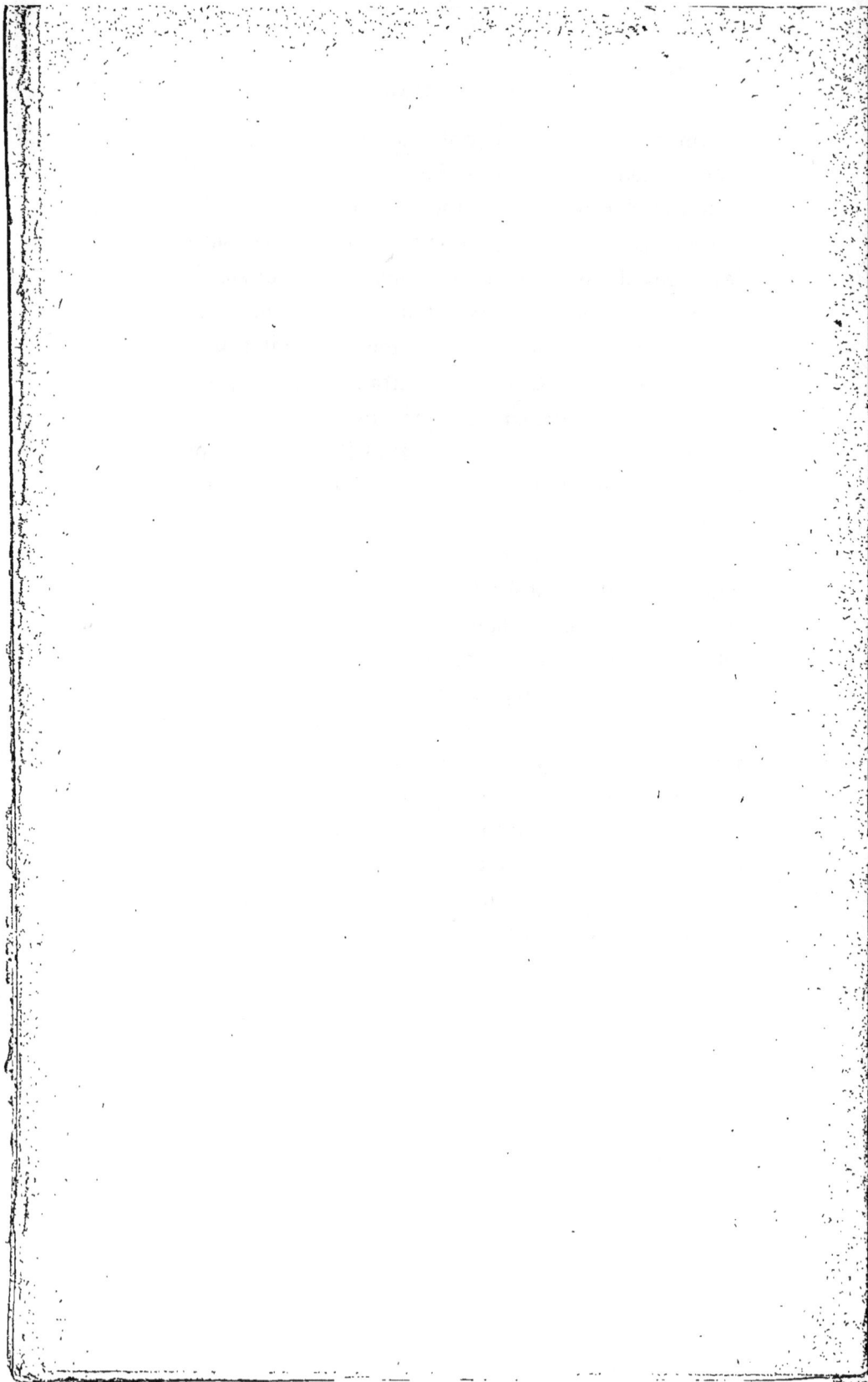

CHOPIN

PIANISTE, COMPOSITEUR

(1810-1849)

> « Maintenant je suis à la source
> du bonheur. »
> (*Ses dernières paroles.*)

Frédéric-François Chopin, célèbre pianiste, dont
la réputation musicale fut universelle, était né à Var-
sovie, où il étudia le droit. Jeune encore, il quitta la
Pologne, opprimée par les Russes, en 1831, et vint
se fixer à Paris, où il mérita ses nombreux succès
comme virtuose et compositeur. On l'a surnommé
le *poète du piano*.

Ses compositions sont pleines de force et de légè-
reté, de grâce et de rêverie. Il réunit le culte des
traditions classiques aux innovations les plus hardies. Après avoir parcouru l'Europe presque entière
en faisant admirer partout ses talents d'artiste, il
laissa un grand nombre de compositions, bien qu'il
soit mort jeune, à peine âgé de quarante ans.

Nous empruntons à un ami de Chopin, écrivain
distingué, le récit de sa maladie et de sa mort, où

nous apprendrons à le bien connaître tel que l'ont
fait sa foi et la grâce divine :

« Mon pauvre ami est mort le 17 octobre 1849...

« Depuis plusieurs années, la vie de Chopin était
comme suspendue à un fil. Son corps faible et chan-
celant se consumait dans le feu de son génie... Toujours bienveillant, aimable, spirituel et débordant
de sentiment, il vivait, pour ainsi dire, d'une vie
détachée de ce monde. Et cependant pour le ciel,
rien ; il n'y pensait pas. Chopin eut peu de bons
amis ; mais en retour il en eut beaucoup trop de
mauvais, c'est-à-dire d'incrédules. Ses triomphes
dans l'art musical étouffèrent vite en lui les inspirations de l'Esprit-Saint. La piété que lui avait
transmise sa mère, une vraie Polonaise, n'était plus
pour son âme qu'un souvenir d'enfance. Dans ses
dernières années surtout, l'irréligion de ses compagnons et de ses amis avait poussé de profondes
racines dans cette nature ; et, semblable à un poids
horrible, le doute l'étouffait.

« Il en était là lorsqu'il contracta la maladie de
poitrine dont il est mort. A mon retour de Rome à
Paris, j'appris que Chopin était à toute extrémité.
Immédiatement, je me hâtai d'aller voir cet ami
d'enfance, dont l'âme m'était si chère. Nous nous
embrassâmes, et nos larmes à tous deux me con-
firmèrent dans l'idée que sa fin était prochaine. Il
était d'une faiblesse extrême et baissait à vue d'œil,
et malgré cela il ne pleurait pas sur lui, mais sur
moi, qui l'entretenais de la mort de mon frère
Édouard. Je profitai de cette circonstance pour lui

rappeler sa mère, et avec ce souvenir je m'efforçai de réveiller en lui la foi qu'elle lui avait apprise.

« — Ah! je te comprends, me dit-il; pour ne point

Chopin.

contrister ma mère, il me faudrait recevoir les sacrements; mais, vois-tu, je ne puis les recevoir, parce que leur sens m'échappe. L'utilité de la confession, je la comprends en tant que confidence d'un ami à son ami; seulement comme sacrement elle dépasse

8

ma pensée. Si tu veux, je vais me confesser à toi,
parce que tu es mon ami, mais rien de plus. »

« En entendant ces paroles de Chopin, mon cœur
était navré, et je versais des larmes. Je souffrais
tant à cause de sa pauvre âme! j'étais si malheureux! Je le consolai comme je pus, en l'entretenant
du Sauveur, de la très sainte Vierge et des infinies
miséricordes de Dieu. Comme je m'offrais à lui
amener le confesseur qu'il me demanderait, il me
répondit : « Si je me confesse, ce ne sera qu'à toi. »
Et c'est précisement ce que je redoutais par-dessus
tout, moi qui connaissais si bien son existence par
ouï-dire ou par les feuilles publiques.

« Jamais personne ne pourra se représenter la
nuit épouvantable que je passai après l'entretien que
je viens de dire. Le lendemain, nous célébrions la
fête de saint Édouard, patron de mon bien-aimé
frère. J'offris le saint sacrifice pour l'âme de ce cher
défunt, et j'adressai à Dieu cette prière : « O Dieu
« tout-puissant, si l'âme de mon Édouard vous est
« agréable, donnez-moi, je vous en prie, l'âme de
« Frédéric (le prénom de Chopin). »

« Mon anxiété ne fit que s'accroître lorsque je me
rendis auprès de Chopin. Je le trouvai qui déjeu-
nait, et il m'invita à prendre quelque chose avec lui,
Puis je lui dis :

« — Mon cher ami, c'est aujourd'hui la fête de
mon frère Édouard. »

« Chopin se mit à soupirer, puis je continuai :

« — Pour la fête de mon frère, tu devrais bien
m'accorder une chose, une seule chose.

« — Tout ce que tu demanderas, tu l'auras, dit Chopin, » et je répliquai :

« — Donne-moi donc ton âme !

« — Je te comprends, prends-la ! » répondit-il ; et en même temps il s'assit sur son lit.

« Alors j'éprouvai une joie inexprimable, mêlée d'une angoisse indescriptible. Comment devais-je recevoir cette chère âme pour la donner à Dieu ? Je tombai à genoux, et je criai vers Dieu de toute l'énergie de ma foi : « Recevez-la vous seul, ô mon « Dieu ? ».

« Et je tendis à Chopin l'image du Dieu cruci-fié, en la lui serrant dans ses deux mains sans mot dire. De ses yeux tombèrent alors de grosses larmes.

« — Crois-tu ? lui demandai-je.

« — Je crois, répondit-il.

« — Crois-tu comme ta mère te l'a enseigné ?

« — Comme ma mère me l'a enseigné, » répon-dit-il encore.

« Et, les yeux fixés sur l'image de son Sauveur, il se confessa en versant des torrents de larmes. Puis il reçut le saint viatique et le sacrement de l'extrême-onction, qu'il réclama lui-même. Après un instant il voulut qu'on donnât au sacristain vingt fois plus qu'on ne lui donne d'ordinaire. Comme je lui faisais observer que ce serait beaucoup trop :

« — Non, non, répliqua-t-il, ce n'est pas trop, car ce que j'ai reçu n'a pas de prix. »

« Dès ce moment, par la grâce de Dieu, ou plutôt sous la main de Dieu lui-même qui l'avait reçu, il devint tout autre, et l'on pourrait presque dire qu'il devint un saint.

« En ce même jour commença l'agonie, qui dura quatre jours et quatre nuits. Sa patience et son entière résignation à la volonté de Dieu ne l'abandonnèrent pas jusqu'à la dernière minute. Pendant ses souffrances les plus vives il remerciait Dieu, parlait de son amour pour les hommes et exprimait le désir d'être bientôt avec lui. Il faisait part de son bonheur à ses amis qui venaient le visiter, et qui veillaient dans les chambres voisines de la sienne.

« Tout à coup le pauvre malade prit une faiblesse. On crut à sa fin et l'on se précipita vers son lit, dans l'attente du dernier moment. Chopin ouvrit alors les yeux, et, voyant ceux qui l'entouraient, il demanda : « Que faites-vous donc ici ? Pourquoi ne pas prier ? » Et avec moi tous se mirent à genoux, et je récitai à haute voix les litanies des saints, auxquelles répondirent les protestants eux-mêmes.

« Le jour et la nuit, il retint presque constamment mes mains pressées dans les siennes. « Au « moment décisif tu ne m'abandonneras pas, n'est-ce « pas ? » disait-il ; et il se penchait doucement vers moi comme un enfant qui se penche sur sa mère lorsqu'un danger le menace. A tout instant il s'écriait : « Jésus, Marie ! » A tout instant il embrassait le crucifix, témoignant ainsi de sa foi, de son espérance, de sa charité. Parfois il disait avec une grande émotion aux personnes qui l'entouraient : « J'aime « Dieu, j'aime les hommes. Il est heureux que je « meure comme cela. Ma chère bonne sœur, ne

« pleure pas ! Et vous tous aussi, mes amis, ne pleurez
« pas ! Je suis si heureux ! Je sens que je meurs.
« Priez pour moi. Au ciel nous nous reverrons ! »

« Aux médecins qui s'efforçaient de prolonger sa
vie, il disait : « Laissez-moi mourir en paix. Dieu
« m'a pardonné, le voici qui m'appelle. Laissez-
« moi, je voudrais tant mourir ! » Après une pause,
il poursuivait : « Oh ! la belle science que savoir
« faire durer la douleur ! Encore si on le faisait pour
« le bien, pour accomplir un sacrifice ; mais m'ac-
« cabler et me tourmenter avec tous ceux qui
« m'aiment ! Oh ! la belle science ! »

« Après quelques minutes : « Vous me faites souf-
« frir bien inutilement, vous me faites beaucoup
« souffrir. Vous vous trompez peut-être, mais Dieu
« ne se trompe pas. Il m'éprouve. Oh ! comme Dieu
« est bon ! »

« Enfin, lui qui parlait toujours un langage si
choisi, il me dit brusquement : « Vraiment, mon
« cher, sans toi *je serais mort comme une bête.* »
Chopin voulait m'exprimer de la sorte toute la reconnaissance qu'il éprouvait pour moi, et en même
temps me faire sentir l'affreux malheur de ceux qui
meurent sans sacrements.

« Au dernier moment, il répéta de nouveau les
noms de Jésus, de Marie, de Joseph, pressa de nouveau le crucifix sur ses lèvres et sur son cœur. Et
en rendant le dernier soupir, il dit encore : « Main-
« tenant je suis à la source du bonheur. » Et en prononçant ces paroles, il mourut.

« Ainsi finit le grand artiste Frédéric Chopin. »

COCHIN (AUGUSTIN)

DE L'ACADÉMIE DES SCIENCES MORALES, ÉCONOMISTE
ADMINISTRATEUR, PUBLICISTE

(1823-1872)

> « Que mes enfants apprennent, en
> me voyant, ce que c'est que la paix
> d'une mort chrétienne. » (Cochin.)

La mort de M. Cochin fut une perte pour toutes
les bonnes œuvres en France, en 1872.

Né à Paris le 12 décembre 1823, Augustin Cochin
comptait depuis longtemps dans sa famille des
membres distingués dans les arts, le barreau, l'administration et le clergé. On se souvient d'Henri
Cochin, un des célèbres avocats du xviiie siècle ; du
vénérable Cochin, doyen des échevins de Paris,
botaniste distingué; de Denis Cochin, curé de Saint-
Jacques du Haut-Pas, véritable héros de piété et
de charité, fondateur de l'hospice qui porte son
nom. Enfin l'aïeul et le père de M. Augustin Cochin
furent maires du XIIe arrondissement et députés.

Préparé par son éducation et les traditions de sa
famille aux fonctions administratives, le héros de
cette notice a fait partie, jeune encore, d'une foule

de sociétés de bienfaisance et de commissions importantes. Sa fortune lui permettant l'indépendance, son temps fut consacré à d'incessants travaux d'assistance charitable et d'économie sociale. L'Académie des sciences morales les avait consacrés en l'admettant parmi ses membres. Il fut nommé adjoint, puis maire du Xe arrondissement en 1853. Envoyé, en 1871, comme administrateur d'un de nos départements les plus importants, il avait pris sa mission tellement à cœur, qu'il est mort littéralement à la peine au bout de quelques mois.

Il avait publié un grand nombre d'articles sur l'économie sociale dans les *Annales de la charité* et le *Correspondant*. L'*Univers* lui a consacré les lignes suivantes :

« La bonté, telle est la première et la plus grande des qualités de l'homme ; ce fut aussi le caractère fondamental du serviteur de Dieu que la mort nous a si prématurément enlevé. Il était parfaitement bon ; il l'était par nature et par grâce, pour toutes personnes et pour toutes choses, mais particulièrement pour tout ce qui est petit, souffrant et déshérité des biens de la terre.

« C'est de ce côté que l'inclinait le penchant chrétien de son âme.

« Qui dira sa bonté pour les malheureux, son active charité, son zèle pour les bonnes œuvres, ses tendresses pour les vieillards des Petites Sœurs des pauvres, et pour les enfants incurables qu'il se plaisait à visiter, à consoler, à servir dans l'asile

qu'il avait contribué à leur élever. « Bienfaiteur
« des pauvres, disait-il à la sœur qui le veillait dans
« sa dernière maladie, quel beau titre ! c'est le seul
« que j'aie ambitionné ! »

« Causeur aimable et brillant, il était un lecteur
incomparable ; un sermon de Bossuet lu par lui
était un plaisir de roi. Le soir, on s'agenouillait dans
le salon, et la prière faite en commun à haute voix,
à laquelle il présidait, avec une voix grave et recueil-
lie, terminait dignement des jours où la pensée
de Dieu avait toujours été présente. C'était bien la
maison chrétienne, demeure de la vertu, foyer du
devoir et de cette joie robuste, qui est l'épanouisse-
ment de la bonne conscience.

« Partisan des idées libérales, il eut des adversaires,
mais il n'eut pas d'ennemis. Il comptait au contraire des amis très dévoués et très chers dans toutes
les opinions. Pour moi, qui ne partageais nullement
ses espérances et ne voyais dans les prétendus
principes modernes qu'un piège et un danger pour
la liberté chrétienne, au lieu d'y voir, comme lui,
une nécessaire garantie, j'ai salué le *Syllabus*
comme une parole aussi souverainement raisonnable
que divinement vraie, je ne me suis jamais aperçu
que ce dissentiment ait jeté le moindre trouble dans
nos relations intimes et notre mutuelle affection.

« Si, dans ces questions délicates, son jugement
faillit quelquefois, ainsi que l'a prouvé le mot
suprême prononcé par l'Esprit-Saint qui a clos
toute discussion, sa volonté resta toujours attachée
à ce qu'il considérait comme la justice et la vérité.

8*

Son cœur, profondément chrétien, se soumit absolument, je le sais, alors même que son esprit eût été tenté de résistance ; et, après avoir vécu en catholique fervent, il mourut dans la paix humble et obéissante d'un véritable enfant de l'Église romaine.

« Ses derniers jours furent remplis de souffrances chrétiennement supportées, de paroles et d'actes d'amour qui se ressentaient déjà du voisinage du ciel. Il comprit, du premier moment, que le coup était mortel ; il mesura toute l'étendue de son sacrifice, il l'accepta et l'accomplit héroïquement. Au milieu de ses souffrances, tout en lui respirait la résignation et la sérénité.

« — Que mes enfants apprennent, en me voyant mourir, répétait-il, ce que c'est que la paix d'une mort chrétienne. »

« Aux approches de la mort, cette paix se changea en une joie ineffable, et la béatitude céleste devint visible sur ses traits mourants. Plus d'une fois, il dit avec sainte Thérèse : « Mon Dieu, il est temps « que je vous voie ! »

« Son dernier mot, la veille de sa mort, fut celui-ci : « Je suis si heureux ! » Après cela il perdit la parole.

« C'est ainsi que mourut Augustin Cochin, après une courte vie de quarante huit ans, pendant lesquels il ne voulut que le bien et ne fit que des heureux. »

DONOSO-CORTÈS

LITTÉRATEUR, PHILOSOPHE, AMBASSADEUR, SÉNATEUR

(1809-1853)

> « Le mystère de ma conversion est un mystère d'amour... Je n'aimais pas Dieu; il a voulu être aimé de moi, et je l'aime. » (DONOSO-CORTÈS.)

Donoso-Cortès est, avec Balmès, un des hommes les plus distingués de l'Espagne contemporaine. Le comte de Montalembert et Louis Veuillot ont immortalisé la mémoire de ce célèbre diplomate dans des pages pleines d'une éloquence émue, que nous allons reproduire en les abrégeant.

Juan Donoso-Cortès, marquis de Valdegamas, né le 6 mai 1809, a été pendant plusieurs années ambassadeur d'Espagne à Paris. « Au milieu des labeurs et des succès de sa jeunesse, dit M. de Montalembert, il était resté étranger à toute pensée sérieusement chrétienne. Il n'avait jamais renié, il est vrai, la foi de son enfance. Son langage était toujours respectueux; ses mœurs étaient restées pures; son âme avait été même conviée de bonne heure à goûter le calice salutaire de la douleur.

Mais ni la majesté, ni la miséricorde de Dieu, ni la triomphante vérité de l'Église, ne s'étaient encore révélées à lui. L'heure du réveil sonna, pour cette âme prédestinée, un peu avant qu'elle semblât sonner le deuil de toutes les monarchies du continent. »

Ses études furent rapides et brillantes. A seize ans, il les avait terminées avec éclat. Son assiduité infatigable à l'étude de l'histoire, de la philosophie et de la littérature, témoignait dès lors de sa vocation pour la carrière qu'il allait parcourir. Donoso-Cortès termina ses cours de jurisprudence à dix-neuf ans, c'est-à-dire avant l'âge requis pour être avocat. La réputation qu'il appelait de tous ses désirs accourait au-devant de lui. Chargé par le conseil royal de prononcer le discours d'inauguration du collège de Cacerès, il le fit avec un applaudissement général des auditeurs, émerveillés de ses pensées, de son langage, de sa gravité et de sa jeunesse. Ce discours porte à la fois la teinte du rationalisme qu'il devait à son éducation et la trace du fond chrétien de son esprit.

Son professorat à Cacerès n'eut guère d'ailleurs que ce premier beau jour.

A cette époque, en 1830, il fut éprouvé par de grands malheurs de famille, qui jetèrent sur toute sa vie une ombre invincible de chagrin et de regret. Il perdit sa fille et bientôt sa femme. Il avait vingt-cinq ans. Livré alors aux vanités de l'ambition et de la gloire, et se fiant dans la beauté de son esprit, il songeait surtout à s'avancer dans le monde.

« J'ai eu le fanatisme littéraire, a-t-il écrit, le fanatisme de l'expression, le fanatisme de la beauté dans
les formes. » Dieu le frappa dans son intérieur de
famille pour le guérir dans son âme; cette terrible
épreuve ne tarda pas à porter ses fruits. Forcé de
se détacher de tout, il dut s'attacher à Dieu seul.

Donoso-Cortès avait un frère nommé Pedro, plus
jeune que lui d'une année, compagnon fidèle de ses
études et tendrement aimé depuis son enfance. La
communauté de leurs premières études n'avait pas
enfanté l'uniformité de leurs opinions. Pedro avait
montré plus de goût pour la théologie que pour la
politique; il était resté chrétien sincère, pratiquant:
Il avouait sa préférence pour la monarchie absolue
et pour la cause de don Carlos. Ces dissentiments
n'altéraient en rien l'union des deux frères. « Je
l'aimais, disait Donoso, autant et peut-être plus
qu'il n'est permis d'aimer une créature humaine. »
En 1847, Pedro tomba mortellement malade.
Juan Cortès, alors absent de Madrid, vola auprès de
son frère. Les souffrances et le danger du malade
amenèrent naturellement l'entretien sur ce terrain où
la vérité suprême attend tôt ou tard les esprits faits
pour elle. Au milieu de ses anxiétés, Juan raconta
à son frère sa rencontre à Paris avec un compatriote
dont la vertu, la charité, la simplicité, l'avaient sin-
gulièrement frappé, et lui donnaient à penser qu'il
y avait dans la profession d'honnête homme un
degré dont il restait encore éloigné, tout fier qu'il
se croyait de son honneur et de sa vertu. Il s'était

senti subjugué par cette vertu, différente de toutes les vertus de sa connaissance. Il en avait parlé à l'Espagnol, et celui-ci lui avait simplement répondu :

« En effet, vous êtes un honnête homme, et moi aussi ; mais il y a quelque chose dans mon honnêteté de supérieur à la vôtre.

— A quoi cela peut-il tenir ?

— A ce que je *suis resté chrétien*, tandis que vous ne l'êtes plus. »

En entendant ce récit, le moribond se tourna vers le narrateur et lui dit :

« Oui, mon frère, il t'a donné la vraie raison. »

Et là-dessus, avec la double autorité de l'amour et de la mort, il se mit à lui expliquer le sens de cette parole. La grâce parla en même temps à ce grand cœur trop longtemps dépaysé. Pedro mourut le lendemain en léguant à son frère la vérité, la foi et son confesseur.

L'ambassadeur d'Espagne racontait lui-même ces détails avec une noble franchise dans un salon de Paris, au mois de mars dernier. Quelqu'un lui dit :

« En vérité, Dieu vous a fait là une grande grâce, en vous éclairant ainsi subitement au milieu de votre carrière, et quand vous ne pensiez plus à le chercher. Il faut qu'il y ait eu dans votre vie quelque circonstance particulière qui vous ait mérité une telle faveur.

— Je ne m'en rappelle aucune, » répondit Donoso-Cortès. Mais, après avoir réfléchi un instant, il ajouta :

« Peut-être un sentiment a pu y être agréable à Dieu. Je n'ai jamais regardé le pauvre assis à ma porte sans penser que je voyais en lui un frère. »

Lui-même écrivait à un ami, en lui envoyant le récit de sa conversion : « Comme vous le voyez, le talent et la raison n'y ont aucune part; avec mon faible talent et ma misérable raison, je serais arrivé à la tombe avant d'atteindre la vraie foi. Le mystère de ma conversion (car dans toute conversion il y a un mystère) est un mystère d'amour. Je n'aimais pas Dieu; il a voulu être aimé de moi, et je l'aime; et je suis converti parce que je l'aime. »

« Ainsi converti à trente-huit ans, il entre à la fois en pleine possession de la vertu et de la vérité, sans avoir été condamné aux longues luttes, aux fatigantes incertitudes, aux mortelles hésitations par où ont dû passer tant d'autres chrétiens de la dernière heure. A peine a-t-il mis le pied dans le domaine du catholicisme, qu'il s'y précipite en conquérant. Rien n'échappe à son ardeur, à sa soif de connaître la vérité, d'en jouir, de combattre pour elle. A peine assis sur les bases élémentaires du catéchisme, il se plonge dans la théologie mystique, dans les grands écrivains ascétiques que sa patrie a donnés à l'Église, surtout dans sainte Thérèse et Louis de Grenade. Il sort de ces profondeurs lumineuses comme pour reprendre haleine, promène un regard ferme et rapide sur l'Europe bouleversée, et prête l'oreille à ces terribles coups que Dieu frappait alors sur les constitutions de l'Europe; ils achèvent alors son éducation et commencent celle de ses contemporains,

« Alors il se recueille et s'examine; il se sent
prêt à de nouveaux combats, abandonne pour un
temps son poste diplomatique, va reprendre sa
place aux Cortès; et, le 4 janvier 1849, il prononce
le célèbre discours sur *la Dictature et la Révolution*, qui fit franchir les Pyrénées à son nom, et le
plaça du premier coup au rang des grands orateurs
de l'Europe. »

Deux lettres rendues publiques dans le courant de
cette année 1849, et une seconde et dernière harangue
prononcée au commencement de 1850 sur la situation générale de l'Europe, lui servirent à la développer avec une hardiesse croissante et une éloquence
magique. Elles consolidèrent l'édifice de sa réputation européenne et l'influence considérable qu'il
exerça dès lors sur les catholiques du monde entier.

Voici sa profession de foi : « Je suis purement
catholique; je crois et professe ce que professe et
croit l'Église catholique, apostolique, romaine. Pour
savoir ce que je dois croire et ce que je dois penser,
je ne regarde pas les philosophes, je regarde les
docteurs de l'Église; je ne questionne pas les sages;
ils ne pourraient me répondre; j'interroge plutôt les
femmes pieuses et les enfants, deux vases de bénédiction, parce que l'un est purifié par les larmes,
et que l'autre est embaumé des parfums de l'innocence. »

Ce fut le dernier acte public de sa noble vie.
Dans cet acte, on l'a vu tout entier, aussi humble
par la foi qu'il était grand par le génie, aussi docile
aux moindres enseignements de l'Église qu'il était

rebelle aux dogmes les plus suivis de l'orgueil humain. Lorsque, en présence de la mort, il a repassé ses œuvres, il s'est applaudi de cette soumission plus que de tous ses triomphes; il s'est plus réjoui d'avoir été l'humble enfant de l'Église que d'avoir été son défenseur admiré; il a béni Dieu non pas tant de lui avoir donné de vivre pour sa cause, que de permettre qu'il mourût accusé et obéissant.

Le monde lui avait prodigué ses dons; il occupait, comme ministre plénipotentiaire à Paris, le premier poste de la diplomatie espagnole; il était sénateur, grand'croix de l'ordre de Charles III, gentilhomme de la chambre de la reine, membre de l'Académie royale d'histoire. Il avait atteint bien jeune encore la plupart des dignités les plus recherchées de son pays.

Mais Dieu avait été plus prodigue encore envers lui. Outre le bienfait inestimable de la foi perdue et retrouvée, il lui avait conféré le don d'aimer et de se faire aimer. Ce sage, ce pénitent, ce fervent chrétien portait en lui le bonheur et le répandait au dehors à grands flots. Ceux qui ne pourront plus que le lire le connaîtront dans son éclat, mais ne se douteront pas de son charme. Jamais personne n'a rendu la religion plus aimable et n'a donné plus d'attrait à la vertu chrétienne. La paix et la félicité qu'il avait goûtées, au moment de sa conversion à Dieu, semblaient s'être gravées en traits ineffaçables dans son cœur, et se faisaient jour jusque dans son langage et dans son regard. Il avait le tendre et généreux élan d'une âme expansive, rajeunie d'avance par l'éternel bonheur de l'innocence.

Il était resté jeune de cœur plus encore que d'années. Ce prophète, qui voyait tout en noir dans les révolutions de l'avenir, était d'un enjouement inépuisable et contagieux, toujours gai, toujours doux, enclin au bienveillant sourire. Il jouissait de tout, des saillies d'un petit enfant comme des merveilles de la nature. Il savait aussi pardonner à la fragilité humaine, et versait chaque jour je ne sais quel baume suave et salutaire sur les infirmités de son prochain.

C'est ce qui rendait son commerce si facile et si sûr, ce qui donnait à son être quelque chose de pénétrant et d'irrésistible. En un mot, c'était au suprême degré ce que les Italiens appellent un homme *sympathique*. Dieu lui avait départi deux dons qui sont le sceau des âmes élues pendant leur passage sur la terre : l'autorité et la sérénité. Il les retrempait sans cesse dans l'humble et généreuse ardeur de sa foi.

Il n'y avait point d'affaire qu'il ne laissât pour courir auprès d'un ami malheureux. Il allait toutes les semaines, et souvent plusieurs fois, visiter les pauvres. Il y avait entre la sœur Rosalie et lui un pacte de services mutuels pour les bonnes œuvres. Elle était son introductrice chez les pauvres du quartier Mouffetard ; il était l'un de ses ministres et de ses ambassadeurs auprès des riches et des puissants de ce monde. Les Petites Sœurs des pauvres n'a-

vaient point de patron plus dévoué et plus généreux.
Il avait, comme ambassadeur, toute la fierté de son
pays ; mais ce caractère ne l'empêchait point de
tenir un enfant sur les fonts de baptême avec une
petite fille du peuple, ni d'aller s'agenouiller au
milieu de ses pauvres dans l'indigente chapelle de
la rue Saint-Jacques, ni de visiter les galetas de la
rue Mouffetard.

« Il n'y avait pas encore deux ans, dit M. de
Montalembert, que le marquis de Valdegamas
occupait le poste de ministre plénipotentaire à
Paris, et déjà il y avait conquis des sympathies
profondes, nombreuses et diverses. Tout annonçait
qu'il était appelé à exercer parmi nous une de ces
grandes et durables influences dont l'histoire offre
quelques rares exemples ; et voilà que Dieu le choisit
pour donner à cette grande capitale, dans ses rangs
les plus élevés, le spectacle admirable de la mort
du juste. Tout Paris, le Paris religieux, politique,
littéraire, suivait avec anxiété les progrès du mal
mystérieux qui consumait trop rapidement cette
organisation si pleine de feu et de vie. Grâce à
quelques amis admis auprès de ce lit de douleur et
de vertu, grâce surtout à la sœur de Bon-Secours qui
veillait près du malade, on a su par quels traits de
noble patience, de fervente piété, de forte et tendre
résignation, ce grand chrétien a témoigné de sa foi
et de sa charité envers Dieu et le prochain...
« L'un de ses derniers actes fut de veiller à ce que
la distribution ordinaire de ses dons ne souffrît aucun

retard par suite de ses propres maux, et de délivrer lui-même à des mains amies l'argent qu'il y destinait. Mais ce n'était pas seulement par l'aumône que se manifestait sa charité. Dans sa vie, comme à son lit de mort, il avait toujours témoigné une tendre et active sollicitude pour le bonheur et la renommée d'autrui. Louis Veuillot a dit avec une parfaite justesse : « Sa parole prompte, ardente et sincère, « était en même temps la plus inoffensive que l'on « pût entendre, et c'était un charme de voir qu'il « eût toujours innocemment tant d'esprit. »

« — Ce qui m'étonne le plus, nous disait la sœur qui a reçu son dernier soupir, ce que je n'ai encore vu que chez lui, c'est qu'il ne dit jamais du mal de personne. »

« Mais, s'il aimait ainsi ses semblables, comment ne dut-il pas aimer son Dieu ! Aussi la même sœur disait encore : « Il n'est jamais cinq minutes sans « penser à Dieu, et quand il parle, ses paroles s'en- « foncent dans le cœur comme des flèches. »

« Quand on vint lui annoncer que l'empereur envoyait un aide de camp pour lui témoigner son affectueux intérêt, il remercia de la tête, puis tourna son œil doux et profond vers l'image du Christ portant sa croix, qui pendait à son chevet : « Pourvu, dit-il, que Celui-là s'intéresse à moi, c'est tout ce qu'il me faut. »

« La franche et entière humilité dont il était pénétré se révélait à chaque instant et se mêlait dans tout son être à la plus généreuse patience. Un jour, le pieux et savant médecin qui luttait contre le mal graduellement vainqueur disait à la sœur:

« — Vous soignez là un malade comme vous n'en avez pas souvent; c'est un vrai saint. »

« Donoso l'entendit; il se dressa sur son séant tout indigné :

« — Monsieur Cruveilher, dit-il, avec de telles idées on me laissera dans le purgatoire jusqu'à la fin du monde. Je vous dis que je ne suis pas du tout un saint, mais le plus faible des hommes. Quand je suis avec de braves gens, ils me font du bien; mais, si je vivais avec des méchants, je ne sais ce que je serais. » Puis, se retournant avec un regard enflammé et un geste inexprimable vers son crucifix :

« — Vous le savez, vous, mon Dieu, que je ne suis pas un saint! »

« La lutte douloureuse et admirable touchait à sa fin. A l'extrême et séduisante vivacité de tout son être avait succédé non pas l'affaissement de la maladie, mais le calme du chrétien sûr de sa route et de son maître. Ce calme demeura jusqu'au bout le trait distinctif de sa figure et de ses paroles. Il n'était interrompu que par les effusions de sa piété... Voici ses dernières paroles, les dernières du moins qu'on ait pu entendre : « Mon Dieu, je suis votre « créature ; vous avez dit : J'attirerai tout à moi, « attirez-moi, prenez-moi. » C'est ainsi qu'il mourut, le soir du 3 mai 1853, avant d'avoir accompli sa quarante-quatrième année[1]. »

Ce fut un deuil égal pour l'Espagne, la patrie de

[1] De Montalembert.

son cœur ; pour la France, la patrie de son intelligence ; pour l'Église, qui voyait en lui un de ses
enfants qui la consolent et sur lesquels elle s'appuie.
Personne n'a pu infirmer le beau témoignage qu'il
s'était rendu à lui-même en plein parlement, le
4 janvier 1849 : « Lorsque arrivera le terme de mes
jours, je n'emporterai pas avec moi le remords
d'avoir laissé sans défense la société barbarement
attaquée, ni l'amère douleur d'avoir jamais fait
aucun mal à un seul homme[1]. »

[1] Voir plus haut, dans la biographie de Raymond Brucker, les relations intéressantes qu'il eut avec ce romancier converti.

FIN

TABLE

—

23960. — Tours, impr. Mame.

www.ingramcontent.com/pod-product-compliance
Lightning Source LLC
Chambersburg PA
CBHW060517090426
42735CB00011B/2271